儿童信息传播概论

董小宇　赵　捷　冯咏薇　著

九州出版社
JIUZHOUPRESS

图书在版编目（CIP）数据

儿童信息传播概论 / 董小宇，赵捷，冯咏薇著 . —
北京：九州出版社，2024.3
ISBN 978 - 7 - 5225 - 2708 - 6

Ⅰ.①儿… Ⅱ.①董…②赵…③冯… Ⅲ.①儿童—
大众传播—传播媒介—研究—中国 Ⅳ.①G219.2

中国国家版本馆 CIP 数据核字（2024）第 056850 号

儿童信息传播概论

作　　者	董小宇　赵　捷　冯咏薇　著	
责任编辑	李　荣	
出版发行	九州出版社	
地　　址	北京市西城区阜外大街甲 35 号（100037）	
发行电话	（010）68992190/3/5/6	
网　　址	www.jiuzhoupress.com	
电子信箱	jiuzhou@jiuzhoupress.com	
印　　刷	天津和萱印刷有限公司	
开　　本	710 毫米×1000 毫米　　16 开	
印　　张	11	
字　　数	186 千字	
版　　次	2024 年 3 月第 1 版	
印　　次	2024 年 3 月第 1 次印刷	
书　　号	ISBN 978 - 7 - 5225 - 2708 - 6	
定　　价	58.00 元	

| 前 言 |

现代儿童生长在信息化时代，作为媒介"原住民"的他们从一出生就被纷繁复杂的媒介信息所包围。与传统的儿童群体不同，现代儿童更多的是通过各种媒介获得信息来认识世界，由成人主导的信息传播过程随着信息化时代的发展发生了巨大变化。长期以来，由于研究视角和话语范式的差异，学界对于儿童信息传播领域关注度稍显不足。儿童信息传播指围绕儿童运行的社会信息系统，以满足儿童的社会信息需求为根本目的。本书尝试从儿童视角出发，以传播学理论、社会学理论等为研究基础，对儿童传播的整体机制、要素、特点等进行深入探讨。

本书关于儿童信息传播的研究分为七个部分。其中绪论部分从理论的角度对儿童、儿童信息传播等相关概念进行了界定；第一章"儿童信息传播的要素与流程"从儿童传播的构成要素出发，探寻这一特殊传播情境的具体流程；第二章"儿童信息传播主体"从发起者和接收者双重视角讨论儿童与外界社会的互动；第三章"儿童信息传播客体"主要谈论的是儿童信息传播的内容和儿童所处的信息环境；第四章"儿童信息传播媒介"探讨了儿童与媒介的关系、需求、使用等话题；第五章"儿童信息传播内容"梳理了儿童与手机、动画等常见媒介内容的传播联系；第六章"儿童信息传播效果"对儿童在信息传播中的传播效果进行系统性的审视，并对某些典型性现象进行解读；第七章"儿童信息传播的发展趋势与未来路向"通过对当前儿童信息传播发展样态的梳理，归纳出儿童信息传播的未来趋势与发展方向。

本书为 2023 年重庆市教育委员会人文社会科学研究一般项目"重庆中心城区 6—12 岁儿童数字风险研究"（23SKGH363）、重庆第二师范学院校级重点科研项目《数字基础设施视角下的无障碍传播研究：以重庆青少年视障群体智能手机致用为例》（KY202301B）以及重庆第二师范学院校级科研平台"融媒体传播与社会发展研究中心"（2021XJPT01）的阶段性成果，本书的出版将为未来学科发展、专业建设工作提供坚实基础。本书的框架设计与撰写，得到了重庆第二师范学院文学与传媒学院院长严亚教授的鼎力支持与指导。

敬请各位专家、学者批评指正！

|目　录|

绪　论

第一节　儿童概述

长期以来，由于研究视角和话语范式的差异，人们对"儿童"的具体内涵存在较大争议。因此，本节将系统梳理儿童的概念界定，探讨儿童的本质观念，阐明儿童的属性特征，为儿童信息传播研究的深入展开奠定基础。

一、儿童的概念辨析

（一）制度意义上的儿童概念界定

从制度意义上理解儿童，是指现代社会中根据年龄顺序确定的法律或近似法律的概念，但是在有些地方也会依赖于其他一些因素，如个体是否参加了特定的仪式。制度意义上的儿童年龄划分通常称为某些权利得以确认的分界点，主要依赖于制度对儿童在特定年龄阶段拥有哪些能力的基本假设，最为典型的做法是规定某种年龄以上（或以下）可以去做（或者不可以去做）某件事情，本身会影响到人们对一个人的资格或者能力的判断。

在世界不同国家，对儿童年龄的界定具有很大的差异。英国将 14—18 岁应负刑事责任的人称作未成年人；德国《民法典》规定，自 1975 年 1 月 1 日起划分未成年人和成年的年龄界限为 18 周岁，而之前一直将 21 周岁作为成年界限。《民法典》对自然人的权利能力、行为能力以及责任能力等基本概念进行了规定，认为自然人的权利能力自出生时开始，与年龄大小毫不相关。但自然人的行为能力和责任能力却与自然人年龄密切相关：8 周岁以下的人完全不具备行为能力和责任能力，8—18 周岁的为限制行为能力和限制责任能力。按照法律的界定，德国将 14 周岁以下的人定义为儿童，已满

14 周岁但未满 18 周岁的人为少年，已满 18 周岁未满 21 周岁的人为青年[①]；韩国法律规定未成年人是指年龄不满 19 岁的人；日本《禁止未成年人饮酒法》等规定，未成年人是指年龄不满 20 岁的人。中国《未成年人保护法》将 18 岁以下的人界定为未成年人。

（二）规范意义上的儿童概念界定

当人们因为某个人是儿童，便认为其不能知晓对错并且禁止做出某些行为时，便是在规范意义上使用儿童的概念。规范意义上的儿童概念是与一些因素，即关于个体在某个发展阶段可能的行为所需要的特定能力、知识和经验要素的获得、拥有的伦理兴趣或者合理预期等等相互联系在一起的。[②] 相对于制度意义上的儿童概念，规范意义上的儿童概念考虑到了儿童发展的特殊性与差异性。

从制度意义上来界定儿童，其优势是简单明了、可操作性强，但是其问题也很明显。为什么仅仅是某个年龄便能影响人们关于一个人的利益与资格的道德判断呢？似乎一个人道德地位和权利的改变是在某个年龄阶段突变发生的，简单地说，一个差一天就满 18 岁的儿童，其道德地位为什么与一个 18 岁多一天的儿童有着翻天覆地的变化呢？显然，制度意义的年龄标准往往会忽视个体发展的渐进性和延续性。规范意义上的儿童概念能够关照儿童的个体差异性、发展的渐进性以及特殊情境，但是由于缺乏一个统一的标准，而使其操作性大打折扣。

可见，儿童在制度意义上的概念与规范意义上的概念有一定的联系，两种工具的划分各有千秋，但是二者并不完全相同。通常规范意义的概念在逻辑意义上具有优先性，个体的道德权利往往取决于其实际的能力，而非只是取决于制度关于特定年龄的争议。因此，本书在使用儿童这个概念的时候，同时考虑了儿童不同意义上的内涵。首先在制度意义上借鉴国际通行的年龄界定标准，以使本研究的相关讨论具有与其他研究对话的可能性，主要依据联合国《儿童权利公约》对于儿童的理解和界定，指年龄在 18 岁以下的任何人。同时，由于儿童在不同发展阶段所表现出的身体、心理和道德水平有很大的差异，因此，在部分章节的具体讨论中，又同时关照到不同发展阶

---

① 孙云晓，张美英. 当代未成年人法律译丛：德国卷 [M]. 北京：中国检察出版社，2005：1—2.

② WRINGE CA. Children's rights：a philosophical study [M]. London：Routledge and Kegan Paul Ltd. 1981：87—90.

段、文化、习俗、经验等情况下，对儿童主体地位和能力的考虑。

二、儿童的本质观念

儿童究竟是一种人类自然存在的社会事实，还是一种社会文化的建构？这一问题一直存在着不同的答案。本节将从社会建构主义和生物现象两个方面探讨儿童的本质观念。

（一）社会建构主义的儿童观

对儿童以及童年的跨文化研究揭示出，在不同的历史与社会中，对儿童的认识存在差异，甚至对儿童的年龄界定也不同。现代越来越多的学者开始认为，童年是一种社会性建构的观念①，有关儿童与童年的想法都是社会意识形态的一部分②。尼尔·波兹曼（Neil Postman）认为，童年不同于婴儿期，是一种社会产物，不属于生物学的范畴。③

社会建构主义（Social Constructionism）是 20 世纪后期产生并逐渐发展起来的理论研究范式。1966 年，彼得·伯格（Peter Bergge）和托马斯·勒克曼（Thomas Luckmann）出版了《现实的社会建构》（The Social Construction of Reality）一书，明确提出了这一理论范式。④ 这一理论范式明确主张，科学知识并不是建立在所谓客观事实的基础之上，而是被社会建构起来的。社会建构主义由三个基本命题构成：从本质主义转向建构主义，强调知识的建构性；从个体主义转向群体主义，强调知识建构的社会性；从决定论到互动论，强调知识"共建"的辩证性。⑤ 受社会建构主义的影响，现代儿童研究中的一个重要理论观点是认为，儿童与童年的概念并非是在本质上普遍存在的社会客观事实或是人类自然的产物，而是随着社会变迁以及结构的变化，在社会群体互动与社会制度变化中形成的。

近代社会历史学家中形成一种较为普遍的共识，即认为古代父母对他们的孩子几乎没有什么关爱。例如，劳伦斯·斯通（Lawrence Stone）指出，在 16 世纪，父母与子女之间的关系并没有特别亲密，从 16 世纪末才有证据

---

① 大卫·帕金翰. 童年之死：在电子媒体时代成长的儿童 [M]. 张建中，译. 北京：华夏出版社，2005.

② 佩里·诺德曼，等. 儿童文学的乐趣 [M]. 陈中美，译. 贵州：贵州人民出版社，2008.

③ 尼尔·波兹曼. 童年的消逝 [M]. 吴燕莚，译. 桂林：广西师范大学出版社，2011：4.

④ 刘保. 社会建构主义：一种新的哲学范式 [M]. 中国社会科学出版社，2011：63.

⑤ 安维复. 社会建构主义：后现代知识论的"终结" [J]. 哲学研究，2005（9）：60—67.

表明婴幼儿获得较大关注，父母开始明白任何儿童都有自己独特的个体性。18 世纪是承认"童年是一个有其自身显著特征的时期"的转折点，亲子间关系日益亲和，社会发展出现了儿童取向"。① 总之，斯通用大量的证据表明了家庭内部亲子关系在历史上并不是恒定的，而是随着社会发展不断变化的。事实上，即使在 18 世纪的英国文学作品中，几乎没有儿童的踪影，儿童至多只是成年世界中的边缘角色。因此，长期以来，儿童史家相当稀少。到了 20 世纪 50 年代，儿童史的领域还被描述成"完全的处女地"。直到 20 世纪 60 年代法国哲学家、历史学家菲利普·阿里斯（Philippe Aries）的名著《童年的世纪》问世，才点燃了一连串历史论战，也让史学家开始开垦这块处女地。②

阿里斯开创的"儿童研究"具有重要意义。与传统上对帝王、战争、政府兴衰存亡的关注不同，他将之前被历史学家忽视的儿童带入历史研究中，寻找儿童在历史上的生活和声音，成为历史学的一次革命。他在《童年的世纪》一书中指出，童年的观念是近代社会的产物，儿童是一个相对新的概念。童年作为一个独特的人生阶段是过去几百年中才出现的。16 世纪以前，西方文化中并不存在儿童与童年的概念，由于当时生存和医疗条件的限制，儿童的死亡率非常高，因此只有儿童活到 7 岁时，才承认其生命的开始。7 岁后，儿童迅速脱离父母的监护，被视为一个"小大人"，不得不进入到成人的世界中独立生存，并且需要和成年人一起竞争来获得生存机会。在这种情况下，儿童的成长依赖于他人的怜悯和慈悲。

阿里斯之后，劳伦斯·斯通、洛伊德·狄莫斯（Lloyd de Mause）以及爱德华·肖特（Edward Shorter）等也通过研究支持了这一观点。例如，狄莫斯研究了历史上亲子关系的变化，认为历史上的父母同样也爱自己的孩子，但是父母缺乏的并非是爱，而是在情绪上缺乏成熟性，无法将儿童视为一个脱离成年人的个体③；肖特研究了 18 世纪中期中产阶级中母乳喂养的问题，认为"良好的抚育是现代化的发明"④；社会学家诺贝特埃利亚斯

---

① 劳伦斯·斯通. 英国的家庭、性与婚姻（1500—1800）[M]. 刁筱华、译. 北京：商务印书馆，2011：239-242.

② 柯林·黑征德. 孩子的历史：从中世纪到现代的儿童与童年 [M]. 黄煜文，译. 台北：麦田出版社，2003.

③ Lloyd deMause. The Evolution of Childhood. In Lloyd deMause（eds.）. The History of Childhood [M]. New York：Rowan & Littlefield Publishers. 2006：17.

④ Edward Shorter. The Making of the Modern Family [M]. William Collins Sons. 1977：168.

(Norbert Elias) 认为，"我们这个文明阶段所达到的水准是以所谓的'成年人'与儿童之间在行为上的巨大差距为特征的，儿童必须在短短的几年时间里达到人类在几百年内所形成的羞耻和难堪水准。……在中世纪……成年人之间所期望的情感控制和情感调节的程度并不比对儿童的要求高。与现在相比，当时成年人与儿童之间的差距很小"①。

人类学传统也挑战了西方哲学中的种族中心主义，并且开始对童年进行文化比较研究。这一研究传统最早可以追溯到玛格丽特米德（Margaret Mead）。在当时的西方社会，儿童青春期的反叛性格一直使父母不安，人们将此归咎于某种自然的东西。换言之，当时在西方父母的眼里，青春期反叛是一种生理的骚动所致。米德的假设是，如果青春期的叛逆表现是天然的，那就应当存在于所有社会。然而，米德通过对原始萨摩亚人的研究发现，在不同文化的社会中，青春期的表现是不同的"②。因而，米德提出了文化决定论，认为青春期的表现是特定文化的产物。这一研究结论虽然争议颇多，但是对童年研究以及跨文化比较研究都产生了非常重要的影响。

越来越多的学者接受儿童与童年是社会建构产物的观点，认为儿童在童年时期的状况与生物不成熟不同，既不是人类群体自然的特征也不是普遍的特征，而是表现为许多社会中特定的结构与文化要素。③ 博登（Boyden）认为，儿童神圣与纯洁的观念以及"安全、幸福、受保护的儿童"是犹太基督教的信念，并且伴随着资本主义的兴起与人口统计特征相混合，因而在文化与历史上必然成为欧洲与美国等资本主义国家的社会当务之急和优先事项，那些与主导性的西方规范不同的抚养儿童的实践开始被视为是对儿童有害的并且会延迟儿童的正常发展"④；美国历史学者斯蒂芬·明兹（Steven Mintz）指出，童年的历史与国家生活中更为广泛的政治与社会事件不可避免地联系在一起，包括殖民地、革命、奴隶制、工业化、城市化、移民、战

① 诺贝特·埃利亚斯. 文明的进程：文明的社会起源和心理起源的研究（第一卷：西方国家世俗上层行为的变化）[M]. 王佩莉，译. 北京：三联书店，1998：232—233.

② 玛格丽特·米德. 萨摩亚人的成年 [M]. 周晓虹，等，译. 北京：商务印书馆，2008：9.

③ A. Prout & A. James. A New Paradigm for the Sociology of Childhood? Provenance, Promise and Problems [M]. In Allison James and Alan Prout (eds.). Construcring and Raeconstructing Childhood. Falmer Press. 1997：3—5.

④ Jo Boyden. Childhood and the Policy Makers: A Comparative Perspective on the Globalization of Childhood [M]. In Allison James and Alan Prout (eds.). Construcring and Reconstructing Childhood. Falmer Press 1997：187.

争等；童年也包含了一系列的概念，如阶级、种族、地域、宗教等。总之，童年的概念与经验在美国的历史中不断发生变化，童年从来就不是一个没有争议的概念，每一历史时期的人们都曾讨论过其具体含义[①]；中国学者熊秉真也指出，儿童不是一个固定、恒常的划分，而是一个随时间会蜕变、消逝的角色、身份、状态[②]。

（二）儿童是一种生物现象

这一观点强调人类的生物属性，认为儿童与童年时期是人类成长和发展必须经历的一段生命历程，是从不成熟的状态向成熟状态转变的过程，因此，在任何历史阶段和任何文化中儿童与童年都是存在的，是历史发展过程中不断延续下来的一种生物现象。

虽然阿里斯的理论受到诸多学者的追随，但是在阿里斯之后几十年的儿童研究中形成了两种不同的看法，一种是像阿里斯那样强调几乎是突然的"变化"；另一种则是强调不断的"延续"，即儿童本身是一种生物现象，一直存在于人类历史发展进程中。

主张"延续"论的历史学家们认为，以阿里斯为代表的"变化"说论据不足，因为仅凭"推理"很难重构古代儿童的生活，更难得知孩子究竟是如何感知"当儿童"的经验。1983年，波洛克（Linda Pollock）出版了《忘却了的童年：1500—1900年的亲子关系》，批评阿里斯所说的"古代无儿童"，认为这是忘记了"古代其实是有儿童的"。[③] 奥黛（Rosemary O'day）在《家庭和家庭关系1500—1900》中支持波洛克的看法。从延续论的角度，童年本身也许并没有太大的变化，变化的是儿童所生活的那个社会的结构，换句话说，社会的结构变化是决定"童年"内容的重要力量。[④]

应该说，完全主张或者绝对否认儿童的自然存在都是片面的。儿童的自然存在是一个不容置疑的事实，在历史上任何一个阶段都存在着区别于成年人而存在的儿童，或者说，任何一个时代的成年人都曾经经历过一个从不成熟到成熟的发展期，这是讨论儿童内涵的前提条件，否则谈论这个问题就失

---

① Steven Mintz. Huck's Raft：A History of American Child Thood [M]. Harvard University Press. 2004. Preface. pp. vili—ix.

② 熊秉真. 童年忆往：中国孩子的历史 [M]. 桂林：广西师范大学出版社，2008.

③ Linda Pollock. Forgorten Children：Parent-Child Relaticons From 1500—1900 [M]. Cambridge University Press. 1983.

① 徐贲. 历史上存在"儿童"与"童年"吗？[J]. 南方都市报，2013.

去了意义。然而，儿童并非绝对意义和普遍意义上的生物和自然存在，对儿童与童年概念的理解必须置于特定的社会实践、社会制度和社会文化中。

三、儿童的属性特点

了解儿童的基本特点是构建儿童信息传播理论的基础，也是分析儿童信息传播活动的主要依据。正如之前所论述的，对儿童特点的把握需要将儿童的生物属性与社会建构属性结合起来，才能抓住儿童的核心属性及特点。

（一）儿童的成长是一个自然发展的过程

儿童是人一生的起点，是走向成人社会的必经阶段。儿童，尤其是年幼的儿童，无论是在体力上还是在心智上均发育不健全，具有天然的依赖性。在成长过程中，儿童的肌肉、骨骼、呼吸器官、大脑等的发育与成年人有很大的差异，这就决定了儿童在生理上的脆弱性、依赖性、不成熟性和易受伤害性等特点。同时，儿童的心理、道德观念等的发展也遵循着一定的规律，这一点在心理学研究中已经得到了充分的论证，试图超越发展阶段而对儿童提出一些要求，对于儿童来说是不现实的。儿童解放运动的学者之所以受到批判，其主要原因也在于此，即忽视了幼小儿童与年长儿童的区别，片面地强调儿童与成年人具有相同的权利清单。然而，事实中不可否认的一个经验是，一个 1 岁的幼儿与一个 16 岁的少年，其所具有的能力是完全不同的。儿童的依赖性要求儿童必须通过他人以及社会才能获得健康成长的环境以及资源。尊重儿童、尊重儿童的权利也意味着能够正视和接纳儿童这种发展的现实。

然而，儿童的依赖性同时也蕴含着巨大的发展潜力，儿童在成长过程中不断地与外界发生互动，逐步增加社会生活的经验和知识，并且在这个过程中输出新的经验和知识，最终成长为成年人。相对而言，儿童是人的生物变化过程中的一个快速发展的阶段，是一个不断成熟的时期。在儿童时期，儿童的身高、体重、体能等快速增长，身体器官和机能日渐成熟，体型和体态等不断发生变化，其潜能也是巨大的。正如鲁道夫·谢弗（Rudolph Schaffer）所言，"儿童经常被看作是成人的较小的、较弱的版本——更具依赖性、缺少知识、竞争力，没有完全社会化也不善控制情绪。这样使用负面意义的词语描述使得人们只注意到儿童所缺乏的能力，而忽略了儿童所具有的成长的巨大潜力"[①]。

---

① 谢弗．儿童心理学［M］．王莉，译．北京：电子工业出版社，2010：16.

（二）儿童在社会结构中成长

简单地以某种语言来描述儿童并试图将其总结为普遍的自然规律，就忽视了对儿童所生活的社会背景的关注。儿童与童年具有多元化的特征，年龄、性别与种族的差异使童年的经验产生了很大的不同。同时，成年人与儿童之间的关系从来就不是稳定的，而是处于不断的变化当中。儿童是生活在社会中的一个群体，在与周围环境之间的互动中不断实现自身的发展。社会中存在的关于儿童的观念与认识会影响社会中对待儿童的方式，而儿童作为社会生活的主体，也在创造并且改变着社会结构和文化。即使是表面上看起来比较中立的、甚至偏向于儿童生物性的需求概念，在马丁·伍德黑德（Martin Woodhead）看来，也表明了使用者对于儿童本身的文化定位与个人价值。伍德黑德指出儿童具有四种需要，即儿童本性的需要、与社会调节相关的需要、与心理健康相联系的需要以及文化对策，认为只有生存的需要在特征上具有绝对性，其他类型很明显是由文化决定的①。

因此，从这一观点出发，儿童问题的产生与解决不仅要关注儿童的生物发展需要，如充足的食物、健康和医疗水平等，更要考虑到儿童所处的社会环境。可以说，儿童信息传播的根本目标是要满足儿童成长过程中的信息需求，如各种自然和社会知识的需求，以此促成儿童的社会化发展。德国学者霍尼格（Michael Sebastian Honig）将儿童与童年发展成为一种"关系"建构。这种关系是双重意义的，首先，在发展意义上，是指历史的、具体化背景下的儿童与成年之间的差异与相互关联性；其次，是在世代关系上，是指一个更为广泛的社会背景下的社会中的父辈与子辈之间的关系。因此，社会是由世代关系来确定基本制度的，儿童与成年人的差异实际上是由社会所组织的。②

第二节　儿童信息传播概述

通过上一节的阐述，我们辨明了儿童的概念内涵和基本特征，认为儿童

---

① M. Woodhead. Psychology and the Cultural Construcltion of Children's Needs [M]. In Allison James and Alan Prout（eds.）. Constructing and Reconstructing Childhood. Falmer Press. 1997：60－72.

② Michael Sebastian Honig. Entwurfeiner Theorie de Kindheit（An Outline for a Theory of Childhood）[M]. Frankfurt am Main：Suhrkamp. 1999. Cited from Leena Alanen. Review Essay：Versions of a Social Theory of Childhood. Childhood. 7. 2000.

既是一个自然概念，同时也是社会建构的产物；儿童始终处于成长和变化中，并且这种变化与社会、文化具有紧密联系。儿童信息传播的根本目的就是服务于这种变化，满足儿童成长的信息需求。因此，本节将深入讨论儿童信息传播的内涵，以及儿童信息传播所具备的基本属性。

一、信息与传播的概念界定

儿童信息传播作为一种人类传播活动类型，既具有其独特性，也遵循着人类传播活动的普遍规律。因此，阐明儿童信息传播内涵的前提条件是对"信息"和"传播"的概念进行清晰的界定。

（一）何为信息

信息的概念有广义与狭义之分。从广义上来说，信息既不是物质，也不是能量，它在物质运动过程中所起的作用是表述它所属的物质系统，在同其他任何物质系统相互作用（或联系）的过程中，以质、能波动的形式所呈现的结构、状态和历史。在这个概念下，一切"表述"（或反映）事物的内部或外部互动状态或关系的东西都是信息。自然界刮风下雨、电闪雷鸣，生物界扬花授粉、鸡叫蛙鸣，人类社会的语言交流、书信往来，都属于信息传播的范畴。根据信息系统和作用机制的不同，有的学者把信息分为两大类，即非人类信息和人类信息；也有的学者将其分成三类，即物理信息、生物信息和社会信息。

这里的社会信息指的是除人的生物和生理信息以外的，与人类的社会活动有关的一切信息。而人类传播活动所涉及的信息更多的是指社会信息，也就是狭义上的信息，其概念与自然界的其他信息既有联系又有区别。社会信息是人类社会在生产和交往活动中所交流或交换的信息，作为信息的一种类型，社会信息也是以质、能波动的形式表现出来的。这就是说，精神内容的载体无论是语言、文字、图片、影像，还是声调、表情、动作等，都表现为一定的物质讯号，这些讯号以可视、可听、可感的形式作用于人的感觉系统，经神经系统传递到大脑得到处理并引起反馈。因此我们说，社会信息也具有物质属性，这是社会信息与其他信息的共同点。另一方面，社会信息及其传播又有其他信息所不具备的特殊性质，这就是它伴随着人的精神活动。我们知道，自然信息的传播通常表现为一定的物理或生物条件的作用和反作用，满足了一定的条件，必然会引起相应的反应，而社会信息则不同。第一，它并不单纯地表现为人的生理层次上的作用和反作用，而且伴随着人复杂的精神和心理活动，伴随着人的态度、感情、价值和意识形态；第二，即便是作为社会信息的物质载体——符号系统本身，也是与物质劳动密切相关的精神劳动的创造物，人对符号意义的赋予和解读，与人的社会属性是分不开的。在这个意义上，我们把社会信息看作物质载体和精神内容的统一，主体和客体的统一，符号和意义的统一。社会信息的传播具有与其他自然信息不同的特殊规律。德国哲学家克劳斯指出："纯粹从物理学角度而言，信息就是按一定方式排列的信号序列，但仅此一点尚不足以构成一个定义。毋宁说，信息必须有一定的意义。……由此可见，信息是由物理载体和意义构成的统一整体。"[①] 这段话可以说概括了社会信息的本质。

（二）何为传播

关于传播的概念，学界已经形成了较为成熟且统一的认识。所谓传播，即社会信息的传递或社会信息系统的运行。但想要更为全面地把握人类传播活动的客观规律，还需要从以下四个方面做深入辨析：

首先，传播活动必然是发生于一定的社会关系之中，也必然体现着一定的社会关心。施拉姆说："传播一词和社区（community）一词有共同的词根，这并非偶然。没有传播，就不会有社区；没有社区，也不会有传播。"[②] 所谓社区也就是由地缘关系和社会关系构成的共同体。传播产生于一定的社会关系，这种关系可能是纵向的，也可能是横向的；它又是社会关系的体现，传受双方表述的内容和采取的姿态、措辞等，无不反映着各自的社会角色和地位。社会关系是人类传播的本质属性，通过传播，人们保持、改变既有的社会关系并建立新的社会关系。

其次，传播活动本质上是一种人类信息的交互共享行为。也就是说，它是一个将单个人或少数人所独有的信息化为两个人或更多人所共有的过程。这里的共享概念意味着社会信息的传播具有交流、交换和扩散的性质。而信息的交互意味着存在传播者与传播对象两种角色。在传播活动过程中，传播者通常是传播行为的发起人，处于主动地位；传播对象虽然是信息的接收者，但也不是单纯的被动角色，他可以通过信息反馈来影响传播者。可见信息的交互性有强弱之分，但任何一种传播都必然是通过信息的传受和反馈而展开的社会互动行为。

---

① 克劳斯. 从哲学看控制论 [M]. 梁志学，译. 北京：中国社会科学出版社，1981：68—69.
② 威尔伯·施拉姆等. 传播学概论 [M]. 北京：新华出版社，1984：3.

再次，传播行为发生的基本前提是传播者与传播对象拥有共通的意义空间。信息的传播要经过符号的中介，这意味着传播也是一个符号化和符号解读的过程。符号化即人们在进行传播之际，将自己要表达的意思（意义）转换成语言、音声、文字或其他形式的符号；而符号解读指的是信息接收者对传来的符号加以阐释、理解其意义的活动。反馈也包括在符号解读基础上的再次符号化活动。共通的意义空间，意味着传受双方必须对符号意义拥有共通的理解，否则传播过程本身就不能成立，或传而不通，或导致误解。在广义上，共通的意义空间还包括人们大体一致或接近的生活经验和文化背景。

最后，传播是一种行为，是一种过程，也是一种系统。行为、过程、系统是人们解释传播时的三个常用概念，它们从不同角度概括了传播的另一些重要属性。当我们将传播理解为"行为"的时候，我们把社会传播看作以人为主体的活动，在此基础上考察人的传播行为与其他社会行为的关系；当我们把传播解释为"过程"的时候，着眼于传播的动态和运动机制，考察从信源到信宿的一系列环节和因素的相互作用和相互影响关系；当我们把传播视为"系统"的时候，我们是在更加综合的层面上考虑问题，这就是把社会传播看作一个复杂的"过程的集合体"，不但考察某种具体的传播过程，而且考察各种传播过程的相互作用及其所引起的总体发展变化。

二、儿童信息传播的内涵阐释

基于前文对于信息与传播的界定，我们可以尝试对儿童信息传播的概念进行初步勾勒。儿童信息传播，指围绕儿童运行的社会信息系统，以满足儿童的社会信息需求为根本目的。但要更为深入地理解儿童信息传播的内涵，我们还需从传播主体、传播渠道、传播内容等方面做第一步阐释。

在传播主体方面，儿童信息传播首先具有多元化主体的特征。基于儿童现实生活场景的信息传播活动，其参与者包含但不限于父母、长辈、老师、同伴等；而基于儿童媒介生活场景的信息传播活动，其参与者还包含各种专业化的组织机构，如媒体机构、教育机构等，它们都在儿童信息传播系统中承担着生产信息、传递信息的功能。其次，随着数字技术的发展，儿童信息传播主体开始具有智能化的特征。在传统的媒介语境下，传播的信息交互行为发生于不同个体、不同社会组织之间。但在当前数字化媒介语境下，人机交流互动开始在儿童信息传播活动中占据一席之地，如儿童智能手表、儿童智能学习机器人等。这些智能化设备作为传播主体为儿童提供知识性内容，满足儿童的信息需求。

在传播渠道方面，儿童信息传播的形态随着媒介技术的升级发生了深刻变化，相关问题将后续章节展开深入讨论。因此，本节主要聚焦儿童信息传播过程中信息交互的具体特征。首先，需要强调的是儿童的主动性。在儿童信息传播过程中，儿童作为参与主体既是信息的接收者，也是信息的发出者。然而从历史发展来看，信息传播活动中儿童的主动性经历了从弱到强的变化。在前现代社会，儿童往往处于被动的信息接收者地位，受到父母、长辈的教导或规训；在现代社会，儿童不仅有主动发布信息的能力，还能够借助技术设备筛选信息，其主动性大大提升。这也就导致儿童信息传播渠道呈现第二个特征，即儿童信息交互的个性化。在传统的环境中，传播主体虽然也会注重对儿童的个性培养，但总的来说，儿童更多地趋向于一种约定俗成的培养中，"共性"大于"个性"。在信息化时代，没有绝对的权威，儿童可以质疑权威，可以指责权威，并把自己的观点和想法公布在网络中，让所有人参与其中，讨论辩驳，一分高下，真正做到畅所欲言，个性张扬。但是在新媒体环境中，道德规范与价值观呈现多样性与复杂性，各种信息都可以在网络上流传，面对各种良莠不齐的信息，儿童很容易迷失其中。因此，在信息化时代，在培养儿童"个性"的同时，还要求儿童具有较强的分辨能力和自控能力。

在传播内容方面，儿童信息传播首先具有多样性的特征。新媒体的普及让儿童信息传播内容更为丰富，在媒体整合方面也越来越丰富。儿童喜欢玩的IPAD，里面是图文音像并茂，静动态结合，儿童喜闻乐见的内容通过各种媒体形式呈现出来。其次，儿童信息传播的内容具有联结性。信息化时代，儿童传播的内容往往是将文字、图片、声音、图像综合为一体，与公众在接受刺激和做出反应之间直接建立联结，信息量大，影、音、图、文并茂，并且具有较强的互动性和参与性。这种联结性使得儿童习惯于超文本的阅读，享受于微阅读或浅阅读的刺激中。

在传播效果方面，儿童信息传播首先具有效果评估的复杂性。传播效果的强弱本是一个难以测定的变量，何况在信息化时代去评估儿童信息传播的效果更是复杂。因为信息化时代儿童接收的信息内容和形式错综复杂，这些信息对儿童的发展起着有利还是不利的影响，评估起来绝非易事。再加上儿童本身在不断发展，不同时期儿童传播效果又具有不同的特点。动画片是每个儿童都喜欢看的，里面的人物丰富多彩，儿童看得津津有味。但是很多儿童在看动画片的时候都会出现模仿人物行为的现象，如看了小猪佩奇，很多儿童都会跳来跳去，有的在沙坑里跳，有的在床上跳，有的在地板上跳；曾经有新闻报道，六岁男孩看了奥特曼，直接从六楼"飞"下来；还有儿童模仿熊二用火炉对付光头强的情节把自己的哥哥烧伤……诸如此类的事件比比皆是，儿童在看过动画片后出现了错误的行为，需要父母及时纠正，一是因为孩子小了，时间长了，这些行为可能就变成终身习惯难以改掉，二是因为孩子模仿的这些危险动作，很容易误伤孩子和他人。儿童时期是人一生中发展的重要阶段，在现代的电子媒介时代下，此阶段所形成的思想观念、道德品质、行为习惯等对其将来都会产生重要的影响。

第三节　儿童信息传播的发展历程与基本特征

儿童信息传播离不开媒介因素的影响。在不同的媒介环境下，儿童信息传播呈现出不同的形态和特征。也就是说媒介演化与儿童信息传播发展具有同构共生的关系。因此，想要梳理儿童信息传播的发展历程就必须回到不同时代的媒介环境中去，考察其中不同传播主体的关系特征、传播内容的信息特征、传播渠道的技术特征等。

纵观媒介发展史，从口语到文字再到广播、电视、互联网，新的媒介层出不穷，这种新技术取代旧技术的过程被称为演化或进化。与自然界"物竞天择"的生物进化不同的是，媒介环境演化过程中起决定性作用的是人类的选择。正如保罗·莱文森所说："媒介的进化不是自然选择，而是我们人的选择——也可以说是人类的自然选择。"① 人们的媒介选择实际上决定着媒介的兴衰，制约着媒介演进的方向，"我们不甘心让电视屏幕上喜欢的形象飞逝而去却袖手旁观，所以我们发明了录像机。我们不愿意在文字的沉重压迫下洒汗挥毫，让语词从构思那一刻起就被拴死在纸面上，于是我们就发明了文字处理机……"②。

如果从宏观的媒介环境演化视角分析人类的媒介选择标准，我们可以发

---

① 莱文森. 手机 [M]. 何道宽，译. 北京：中国人民大学出版社，2004：12.
② 莱文森. 数字麦克卢汉 [M]. 何道宽，译. 北京：社会科学文献出版社，2001：287—288.

现两条基本原则。其一，媒介信息突破时间与空间束缚的能力，也就是信息传递的"自由"向度。其二，媒介信息的存储与再现能力，也就是信息传递的"保真"向度。有学者基于这两条原则提出了媒介选择"沉默的双螺旋"①，认为所有媒介技术的创新和普及都是围绕这对不可分割的双螺旋链而展开。保罗·莱文森则更深入地指出，媒介选择的两条标准是基于媒介无限趋近于模仿人类的"前技术"。所谓"前技术"，是指在所有媒介出现之前就存在着的、依赖于人的感知能力而存在的传播模式，比如人们对颜色、冷暖、声音等的感知能力就是前技术。②

儿童信息传播发展与媒介技术演化相伴相生，采用哪种媒介形态取决于媒介本身是否能够延伸人类的感官需求，凡是媒介的本质属性更加符合这个标准的，即在媒介进化中处于优势地位。所谓媒介的本质属性就是指媒介基本的、不能变更和压缩的属性。保罗·莱文森在其媒介进化理论中将所有传播媒介的特征划分为两大类：固定特征和表层特征。固定特征即媒介的基本属性，不可改变。表层特征是可以改变的，改变后该媒介本身并不会伤筋动骨。③ 在儿童信息传播的发展过程中，当具有新的本质属性的传播渠道兴起，能够更好地满足儿童信息传播对于"自由"和"保真"向度的需求时，媒介就会发生"进化"，新的儿童信息传播形态和机制也就产生了。无论是语言、文字还是其他所有的媒介形态，其演化都是围绕着对儿童感官能力的延伸，不断突破信息传播的时间与空间限制，满足儿童对信息传播人性化的需求。因此，综合其他学者关于媒介演化的观点，我们将儿童信息传播的发展划分为三个阶段，即口语媒介时代、文字与印刷时代、电子与数字时代。每个阶段的媒介环境都具有鲜明的差异，随之带来的是儿童信息传播特征的变迁。

一、口语媒介时代："耳听脑记"的信息传递

"语言是怎样产生的呢？我们只能猜测。"④ 但是可以明确的是，人类先祖在经过数万年乃至数十万年的进化后，发明了语言作为信息交流和传递的工具，并由此开启了人类传播的第一次变革。口语的发明使人类可以运用自

① 崔林.媒介进化：沉默的双螺旋 [J].新闻与传播研究，2009 (6)：42.
② 莱文森.莱文森精粹 [M].何道宽，译.北京：中国人民大学出版社，2007：145.
③ 莱文森.莱文森精粹 [M].何道宽，译.北京：中国人民大学出版社，2007：269.
④ 莱文森.手机 [M].何道宽，译.北京：中国人民大学出版社，2004：7.

身原有的发音能力和听觉能力来实现对客观对象的指认和确认、主观思维的外化和表达。从家长里短的日常对话到波澜壮阔的口传史诗，人们在认识世界和改造世界的过程中不断发展与丰富语言，使语言成为一套能够表达复杂含义的工具系统，并借由它完成对思维信息的传递和对世界意义的发掘。在口语媒介之前，人类必然还拥有其他的信息传递方式，但口语的产生无疑是人类传播史上的第一个高峰。时至今日，口头语言依然在人类的社会交往中占有核心地位，是人类最常使用的信息交流工具。基于此，我们认为媒介演化史上的第一阶段是口语媒介时代，同时也是儿童信息传播的第一个阶段，包含了从人类开口说话到人类发明文字的漫长历史时期。

口头语言的诞生极大地加速了人类文明的进化，提升了人类社会的发展水平。由于口语的使用依赖于人类自身的发音能力和听觉能力，因此便捷性是口语交流最主要的优势和特征。包括儿童在内的任何人，在习得一门语言的基础上，就可以运用自己的发声器官传递信息，运用自己的听觉器官接收信息，运用自己的大脑器官处理信息，而不再需要更多的外在技术来辅助。这就使得信息交流能够随时随地发生于任何场景之中，给传播带来了极大的便捷性。另外，基于口头语言的信息传播还最大限度地实现了即时互动。信息的发出与接收几乎可以同步进行。即使是儿童也可以依据自己的意愿对接收的信息给出最直接的反馈，从而达到传播的双向与互通。因而直到目前，口语交流依然是人类使用最广泛和普遍的传播方式。

但是，口头语言作为一种传播媒介仍然存在诸多不足。根据媒介发展的双螺旋模型来看，口语的"自由"度较低，即信息跨越时间与空间束缚的能力有限。这主要是因为人类与口语媒介有关的生理器官本身所带来的局限性。人类依靠口腔、咽腔、鼻腔等部位实现发声，能够发出声音的频率在85—1100Hz；依靠外耳、中耳、内耳等组织接收声音，能够听到的声音频率在20—20000Hz。可见从生理角度来说，人类的信息发出和接收能力都是有限的。同时，人类个体之间的口语交流还需要依赖声波在不同中介物质中的传递，如空气、水等。根据现代科学的测量，声波在15℃空气中的传递速度约为340m/s，但声波所蕴含的能量会随着传播距离的增大逐渐消耗直至消失。因此，声音就像时间一样会逐渐流逝且不可逆转。这就导致口语媒介必然无法跨越较长的物理空间，口语传播范畴就被限定在一个鸡犬之声相闻的狭小地域内即时地发生，一旦超出这个时空界限，口语的传播功能就无法发挥。在口传媒介时代，人们要跨越这个时空界限往往要付出极大的代价。在跨越空间方面，人们往往依靠自身的另一种能力——行走或奔跑。被西班牙征服前的印加帝国国王修筑了跨越整个国土的石板路，命令专人在这条线上交替不断地奔跑，跑累了的人把信息说给追上他的人，并让他复述以确定他是否明白了消息的内容并记了下来，直到到达下一个驿站。消息就这样在这个帝国口耳相传，而跑完这 2400 千米的石板路大概需要 10 天的时间。这样的传播方式在现在看来不可思议，耗费的人力物力及时间十分巨大。另一个著名的例子是通信兵菲力比第斯的故事，在公元前 490 年的那次语言传播中，他用自身的能量挑战跨越空间的极限，在跑完 42.195 千米后倒下了。在口传媒介时代，人们若要跨越空间，竟然可能会付出生命的代价。至今，人们依然在用马拉松长跑的形式向这位勇士致敬，这种敬意来自对人类在口传媒介时代所跨越空间所能达到的极限的崇敬。相比于跨越空间限制，人们在口传媒介时代想要跨越时间限制更是难上加难。一句话说完便无影无踪，人类对于信息的记录和存储只能依赖自身的信息处理工具——大脑。在其他媒介出现之前，信息要跨越时间只能通过口口相传的方式进行。在世界各地都存在许多口口相传下来的古老传说和民间故事，如我国少数民族地区举世闻名的"三大史诗"——藏蒙史诗《格萨（斯）尔》、蒙古史诗《江格尔》和柯尔克孜族史诗《玛纳斯》，内涵丰富，气势磅礴，皆为几十万言。① 这些信息的流传都依赖于每一代传承者的大脑记载和口头传播。

口传媒介除了受到时空限制而导致"自由"度较差之外，其"保真"度也仅限于即时交互。若信息口口相传，其过程极不稳定，且传递者的主观因素容易造成信息的歧义和误解。另外，口传媒介的外部环境也给这种传播方式带来了很大的限制。《圣经·旧约·创世纪》第 11 章里说，诺亚的后人要建造一座通往上天的巴别塔引起了上帝的恐慌。于是，为了不让他们成功，耶和华就以神魔搅乱了他们的语言，使其听不懂对方的话，从而造成建塔失败。② 如今，根据联合国教科文组织估计，全世界目前大约有 6820 种语言，其中 3/4 的语言现在还没有文字。③ 语种的不同造成了口传媒介发展的巨大鸿沟。

语言无愧为一种原始而不可或缺的媒介，它使我们成为人、保持人的特

---

① 朝戈金. 口传史诗诗学 [M]. 南宁：广西人民出版社，2000：1.
② 维基百科. 巴别塔 [EB/OL]. [2022-12-08]. http://wuu.wikipedia.org/wiki/.
③ 中华网. 语言也"灭绝"非物质文化遗产正面临多样性丧失 [EB/OL]. [2022-12-08]. https://tech.china.com/science/news/154/20120907/17417124.html.

点，还定义着人的含义。但在口传媒介阶段，人类离自由的传播还非常遥远，时间和空间的束缚使得传播行为只能在小范围内短时间地发生。传播的自由与时空束缚的现实之间构成的这一对人类传播的基本矛盾已经明显地表现出来，这一二元对立一直推动着人类传播向前发展。在深切地感受到时间和空间对口语传播的巨大束缚后，人类在逐渐运用自己的智慧突破这种时空限制来获得传播的自由。

在这样的信息交流环境中，人的大脑的能力就被十分看重。人类在长期发展中积累了大量生产和生活经验，这些经验累积在语言符号里。存储大量的经验在头脑中，是这个阶段人们能力超群的标志。人类发展的某些阶段的假说可以在如今的某些原始部落得以验证。如西非的一个部落没有书面文字，没有成文的法律文书可以遵循，一旦出现了纠纷，人们就到部落首领那里陈述不满。首领的任务就是从他满脑子已经约定俗成的谚语和俗语中找出一句最适合当时情境的话，以此作为判定标准，达到"伸张正义"的效果。① 因而，在一个纯粹口语的文化里，一个人的能力高低常常跟存储警句的能力有关。由于没有书面文字流传，人们非常看重记忆力，大脑要承担流动图书馆的作用。

在没有文本文字、碑文记载的社会中，口语传播是人们之间交流的主要途径，记忆力是人们最珍视的能力。于是，阅读和学习就被视为记诵这些人类的生产生活经验的能力发展。比如，我们现在可以看到某些谚语和俗语用于小孩子之间的矛盾解决，如"先到先得""眼见为实""一言既出，驷马难追""拾到东西要交公"等等。这可看作人类的发展在儿童身上得以复演。

这样的儿童信息传播是一种直线传递，是儿童通过"耳听脑记"的方式，快速将长辈的经验进行吸收和储存，是一种不含疑问和评判的吸纳。这种信息传递的方式完全依赖于长辈向儿童的口耳相传，尽管"那些能够详细描述发生在以往相对稳定时期的事情的人，谈起发生在近来的不甚稳定时期内的事却可能漏洞百出"，② 但此种信息传播方式具有绝对的权威性。长辈很少会对自身行为产生疑惑，晚辈也会将其获得的生活经验和各种知识看成是理所应当的，并心存感恩。在这样的媒介文化语境中，儿童被作为"小大

---

① 波兹曼. 娱乐至死·童年的消逝 [M]. 章艳，吴燕莛，译. 桂林：广西师范大学出版社，2009：18－19.

② 米德. 文化与承诺 [M]. 周晓虹，周怡，译. 石家庄：河北人民出版社，1987：44.

人"——成长中的人，对于长辈口口传递的文化有着绝对的敬意和忠诚。"孩子们就能够在成长的过程中毫无疑问地接受他们的祖辈和父辈视之为毫无疑问的一切"。① 通过这样的信息传播与社会组织形式，儿童在口传媒介的时代，在前辈的严格掌控下快速获取前辈传递的生产生活经验以及认识世界的方式方法，从而逐渐成长，沿袭传统的生产生活方式。

二、文字与印刷时代：符号文本的"编码解码"

为了实现口传媒介所无法达到的自由传播，人类并没有停下探索的脚步，而是逐渐尝试借助人自身之外的种种介质来对所要传播的信息进行物化、固化或外化，如结绳记事、岩壁绘画、点燃烽烟、摇旗击鼓等等。经过实践的检验后，人们发现这些尝试虽然都以一定的方式在一定程度上打破了时空的束缚，但所能跨越时空的自由度依然十分有限。"在进入文字传播之前的漫长岁月里，人类在克服时空束缚上的种种努力已经使得一条传播的基本规律浮出水面：要使信息跨越空间必须花费时间，要使信息跨越时间必须占用空间，它们合起来构成人类传播发展中的一对基本矛盾——时间与空间互为成本。"②

人类从将口语的意义外化为物质的那一刻起，便不断地寻求如何缩小这种时空成本。文字的出现成为人类传播史上的第二个高峰，原因在于它在超越时间方面拥有独特而非凡的能力，这是文字最根本的优势。文字继承了语言符号的意义系统，既可以表达具体的场景，也可以表达内在的思想，同时随着文字的符号体系逐渐成熟，在意义传递的准确度上也有所保障。于是，文字与语言一样都能自由表达、记录与传递。文字实现了符号和符号所指的分离，而且非常稳定，一旦人们通过文字将信息或意义进行外化，固定在一定的载体上，它就不太容易发生改变，如至今我们还会说："空口无凭，立字为据。"正因为文字的这种优越性，使得它能够将鲜活的场景和深沉的思索浓缩成看似简单的线条组成的小小字词之中，历经时间流逝，千百年后的人们依然能够很容易地理解和感知。

文字在跨越时间限制上优势明显，在跨越空间限制上也随着承载文字的技术进步而不断发展。起初，文字符号被刻在岩壁、甲骨、青铜器、竹简等

---

① 米德. 文化与承诺 [M]. 周晓虹，周怡，译. 石家庄：河北人民出版社，1987：47.
② 崔林. 媒介进化：沉默的双螺旋 [J]. 新闻与传播研究，2009（6）：44.

不易腐朽的物质上，但由于这些介质占用了大量的空间，且在搬运时需要耗费大量人力物力。于是，人们发明了纸张——一种便于保存、易于携带、简于制作的介质，使得文字符号只占用很小的空间成本就能跨越时间，突破了数千年人们利用自然材料来记载文字符号的方法，为文字符号找到了绝佳的物质载体。印刷术的发明和印刷技术的不断提高，更使得文字传播从手书抄写进入批量印刷，文字的复制变得更加稳定、便捷和高效，信息的受众群体也逐渐增大，文印媒介正式成为人类传播和文明史上的中流砥柱。

文印媒介在人类历史上具有重要地位，在一段相当长的时期占据着人类传播的核心位置，不仅是人们获取信息的最重要的手段，也是文化和文明传承的最重要手段。更重要的是，文印媒介在发挥信息传递的本职功能同时，也带来了人类文明的巨大进步。正如保罗·莱文森所说："这个知识炸药的冲击，便利性和持久性混合而产生的爆炸，无孔不入，在古今各种宗教中都可以感觉到它的威力。"①

文字作为一种文化符号，最大的优势在于稳定性。文字通过符号与符号所指的分离来达到传情达意的目的，实现了后人只需通过符号即可获得关于符号所指的信息，从而达到信息跨越时间限制的效果。但是，这个最大的优势也同时成为文字的劣根，为文印媒介的发展埋下了危机的种子。

文字符号是抽象和概括的，是符号所指在意义上的浓缩，在这个像压缩机一样的浓缩过程中，必然有一部分信息会流失。因此，文字所承载的信息不可能绝对的具体和鲜活。无论文字的创作者使用文字的手法多么"高超"，文字表达多么"栩栩如生"，他与不在同一时空的接收者之间，总是隔着一张"纸"。这些信息再现时必须依赖信息接收者的主观加工，即依靠其经验和想象来完成对信息的复原，将信息浓缩过程中遗失的大量信息进行补充，而这个复原与补充的过程就涉及接收者主观因素的参与。由于人们的主观经验和价值观念不同，对文字符号的解读就会出现差异甚至截然不同，这就是所谓"一千个读者就有一千个哈姆雷特"的效果。因而，在文字符号借助不断出现的技术手段逐渐实现着人们自由跨越时空限制的夙愿之时，文字符号在信息的"保真"度上并不见长。

从这个角度讲，文印媒介对信息的"保真"效果甚至还不如远在它之前出现的口传媒介。在口传媒介中存在着多种非语言符号，如人的语音语调、

---

① 莱文森. 思想无羁 [M]. 何道宽，译. 南京：南京大学出版社，2003：167.

神态表情等等，这其中也富含着一些重要的信息。因而口传媒介的信息传递是多通道的，作用于人的多种感官。而文字在由信息转化为符号的过程中，将口语交流中的多种非语言符号信息过滤掉了。同时，在后来出现的印刷技术中，信息的损耗不但没有减轻反而更加严重了，文字被印刷成千篇一律的模样，手写文字中所携带的一些个性化因素也被过滤掉了。因此，文印媒介在信息的传递功能上尽管功能十分强大，实现了自由跨越时空的突破，但在信息传递的效果上依然存在着缺陷。

文印媒介在推动人类文明发展时，使人们日益依赖媒介的存在，从而在潜移默化中形成了一系列文化秩序。麦克卢汉说："西方机械文化的一切方面都是由印刷术塑造的……印刷术产生了第一种整齐划一的、可重复生产的商品。同样，它也造就了福特牌汽车、第一条装配线和第一次大批量生产的商品。活字印刷是一切后继的工业开发的原型和范型。没有拼音文字和印刷机，现代工业主义是不可能实现的。"[①] 文印媒介带给人类文明剧烈的变革和蓬勃的发展，人类随之建立的文化体系和内容都深受其影响。

在教育领域，文印媒介推动了教育从非正式到正式的发展，促成了儿童教育的正规化和专业化，书籍的推广和普及使得知识和学问从少数人的特权走向了普通大众，民众的意识逐渐觉醒。"学校和教室，是印刷书籍技术的直接延伸。印刷书籍是第一种教学机器。"[②] "公共教育的出现，特别是在初等教育的水平上，与印刷机有着更为根本的联系。"[③] 概言之，文印媒介为知识的普及与民众的觉醒奠定了信息基础，教育的产生与发展与媒介的这次飞跃有根本性的联系，推动了人类改造世界、创造文化能力的提升。

文印媒介联结的是信息的创造者和接收者，对于信息的创造者来说，将自己的思想和观念通过文字印刷的形式展现出来，让无数的人观看并品读，这可不是一件小事！柏拉图曾在《第七封信》中写道："没有一个有智力的人会冒险用语言去表达他的哲学观点，特别是那种会恒久不变的语言，比如用书面的文字记录下来。"但他还是写了许多著作，因为他清楚：用书面文

---

① 埃里克·麦克卢汉，弗兰克·秦格龙．麦克卢汉精粹［M］．何道宽，译．南京：南京大学出版社，2000：284.

② 埃里克·麦克卢汉，弗兰克·秦格龙．麦克卢汉精粹［M］．何道宽，译．南京：南京大学出版社，2000：326.

③ 保罗·利文森．软边缘：信息革命的历史与未来［M］．熊澄宇，等，译．北京：清华大学出版社，2002：331.

字记录观点，不是这些观点的终结，而是这些观点的起点。^① 哲学需要批评。柏拉图的观念在后世得以验证。文印媒介使思想凝固下来，方便接受他人持续而严格的审查。因而信息的创造者要更加谨慎，要对思想的外化——文字进行更加严格的考量，尽量使即将批量印刷传播的文字更加具有说服力和感染力，才能保证思想的持续流传。

另外，在通过文印媒介传达"真理"的文化里，对于信息接收者来说，必要的能力是要具备对所看到的文字符号进行"解码"的知识，尽可能地根据文字来判断创作者所写文字内容的意义和态度，并自觉或不自觉地结合自身经验对这些内容进行"建构"。尼尔·波兹曼将文印媒介时期称为阐释年代："阐释是一种思想的模式，一种学习的方法，一种表达的途径。所有成熟话语所拥有的特征，都被偏爱阐释的印刷术发扬光大——富有逻辑的复杂思维、高度的理性和秩序，对于自我矛盾的憎恶，超常的冷静和客观以及等待受众反应的耐心。"^② 阐释能力或者叫作解读能力，成为文印媒介时期的人们非常重要的获取信息从而获得成长的能力。

文印媒介要求人们具备对文字符号的"阐释"能力或称"解码"能力，这就意味着年幼的儿童必须借由掌握一系列文字符号的所指意义才能进入这个符号世界。因而儿童的信息传播活动，首要任务就是掌握这套文字符号，即我们平常所说的"认字"。

儿童的"认字"需求催生了教育的正规化，也促使学校的产生。印刷术普及之前，苏格拉底提出的"唤醒"观是主流思想，认为人们要学习的这套符号系统是内在的，儿童信息传播的任务是将沉睡在孩子灵魂中的知识"唤醒"，让孩子"不必通过水中的倒影或影像，或任何其他媒介中显示出的影像看它了，就可以在它本来的地方就其本身看见其本相"。^③ 印刷术广泛应用后，这种观念受到极大的冲击。人们认为，"教育与印刷并没有什么两样，它不过是一种传递过程"。^④ 儿童的心灵是一块"白板"，人的阅读和学习就像印刷一样，将经过编码的有关"识字、理性、自我控制和羞耻感"的知识

---

①　尼尔·波兹曼．娱乐至死·童年的消逝［M］．章艳，吴燕莛，译．桂林：广西师范大学出版社，2009：12.

②　尼尔·波兹曼．娱乐至死·童年的消逝［M］．章艳，吴燕莛，译．桂林：广西师范大学出版社，2009：58.

③　柏拉图．理想国［M］．郭斌和，张竹明，译．北京：商务印刷馆，1986：274.

④　亨利·J·波金森．三种不同的教育观［J］．周作宇，编译．比较教育研究，1993（5）：31.

印在儿童这本"尚未写好的书上",儿童因此才得以成为文明的成人。夸美纽斯曾将自己提出的教学法比作活字印刷术:"知识可以印在心灵上面,和它的具体形式可以印在纸上是一样的。事实上,我们简直可以采用'印刷术'这个术语,把新的教学方法叫作'教学术'。"① 在这种观念下,儿童的信息传播对书籍、秩序和纪律具有强烈的依赖性,是一种被动接受信息的、单线的接收方式。这种信息传播同时也有了一种神圣的因素,或者说被赋予特殊意义的仪式。通过对文字印刷文本的"编码解码",儿童能够快速并高效地掌握文字符号系统,从而进入成人世界。借由此意义,人们发明了现代意义上的"儿童"概念。"由于印刷和社会识字文化的出现,一种新的传播环境在 16 世纪成形了。印刷创造了一个新的成年定义,即成年人是指有阅读能力的人;相对的便有了一个新的童年定义,即儿童是指没有阅读能力的人。"② 文印媒介创造出一个把儿童和成人有效隔离开来的环境。成人掌握着用非自然符号整理和记录下来的文化秘密,儿童则远离成人的秘密,只能读到成人为他们选择的、适合他们年龄特征的读物,拥有所谓的"童年"。

随着文印媒介的发展,人们获得的信息日渐增多,这种观点也受到了诸多批评和改进。人们认识到,随着儿童信息"解码"能力的提高,儿童的个人主观能动性愈发增强,个体经验在阅读和学习中的作用愈发显现。卢梭开了为儿童说话的先河,杜威等人更是看到了文印媒介对儿童带来的危害。他们认为,文印媒介克服了人类交往受时空限制的问题,但却是以人的感官弱化、整体观念减淡和人与人之间的亲密交流缺失为代价的。书籍是直观经验的物化和知识的载体,却是儿童身边鲜活的直观经验的对立面。儿童的阅读和学习并非像等待印刷的白纸,而是活生生的有机体,具有自我经验的独立性,需要一个有机的生长环境。可以看出,他们的观点更加看重儿童在对文字符号进行"阐释"或"解码"后,还要基于个体本身的经验对信息进行分类、推理、归纳和判断,这些能力也是儿童在文印媒体日渐强大的环境下所需要具备的。

因此,在文字与印刷时代儿童信息传播体现在两个方面。一方面,儿童要通过学习获得能够对抽象化的文字符号信息进行"阐释"或"解码"的能

① 夸美纽斯. 大教学论 [M]. 傅任敢,译. 北京:教育科学出版社,1999:233.
② 尼尔·波兹曼. 娱乐至死·童年的消逝 [M]. 章艳,吴燕莛,译. 桂林:广西师范大学出版社,2009:180.

力，这意味着儿童借由阅读掌握前人流传下来的符号系统和文化经验，这也是文化从前往后的传承过程。另一方面，随着儿童"阐释"或"解码"能力的增强、自身个体经验的增长，儿童信息传播还承载着儿童对文字信息的重新加工功能，儿童依据自身经验对解码后的信息进行审视和建构，对文字所传达的文化信息进行批判性的加工和继承，即玛格丽特·米德所说的文化双向传递的"并喻文化"。

三、电子与数字时代：多维感官的儿童信息传播革命

文字使信息跨越时间限制，承载文字的纸张成为信息跨越空间限制的主要方式，但人们探索自由传播的追求并没停止。电磁场、电磁波的发现让人们找到了一种更加自由的跨越空间的方式——电子信号。19世纪30年代，电报的发明宣告电力传播时代的来临，使文字成为克服时空限制的全能符号。同样，在信息技术革命席卷全球，将人类传播提升到一个全新阶段的数字化、互联网时代时，文字并没有因为各种新技术的发明而退居传播的二线，它始终是传播的主角。

文字传播技术的蓬勃发展使得人们能够在更广袤的空间和更久远的时间范畴内实现信息的传递和获取，同时，人们还梦想着对信息"保真"度的提升，渴望将信息在外化成文字符号的过程中所遗失的那一部分非语言符号信息加以补全。在声音信号方面，人们发明了电话机、留声机、录音机、CD机等等；在影像信号方面，人们发明了照相术、摄影机、默片电影等，进而又将声音信号与影像信号加以融合，进入了电影时代。之后，经过时间积累和众多媒体形式的尝试，人类发明了电视——集聚了之前出现的几乎所有语言符号与非语言符号，不仅跨越空间能力强，且能够运用多种符号对效果进行补偿，从而将之前各种传播方式中的信息损耗降低到之前任何一个媒介都无法企及的程度。这种先天优势使电视被誉为人类传播史上的第三次高峰。不过电视仍然存在一个问题，即电视节目很难保存，而且播出时电视观众只能被动地接收信息，所以电视媒介跨越时间的能力是它的短板。

互联网络的发明直接解决了令电视掣肘的互动难题。这种"新媒介"模糊了传统的信息创造者、传播者和接收者的界限，使得信息可以自由创造、发布和交互，同时，人们可以自由选择所要接纳的信息，主观能动性得到尊重。随后，智能手机、平板电脑等媒介又增加了移动的自由度，同时将之前的电话、照相机和网络等变成它的内容，成为一个更新的媒介。我们可以看

到，人类进入数字媒介时代后，媒介的出现与更迭速度加快，新兴媒介层出不穷，但新媒介的出现并不意味着旧媒介的消亡，而是将旧媒介变成新媒介的某些内容，之前数千年的口传媒介和文印媒介作为传播媒介的源头，在数字时代依然在发挥作用，不过其支流越来越多，越来越广，汇入了"网络"的媒介海洋中，形成"你中有我、我中有你"的交织交汇、互为表里的状态。

掌握了以电子信号作为信息载体的技术之后，人类传播媒介的发展速度日渐加快。"从文字出现到手抄本，经历了 4300 年；从手抄本到活字印刷术，1150 年；从活字印刷术到互联网，524 年；从互联网到搜索引擎，17 年；从搜索引擎到谷歌的相关性排名算法，7 年……"① 媒介的更新换代使得信息呈现"爆炸式发展"的态势，人们足不出户便可通过一定的技术方式获得所要的信息。时空限制对于人类传播而言似乎已经不成问题。1974 年，美国阿雷西博望远镜向距离地球 25000 光年的球状星团 M13 发送了一串由1679 个二进制数字组成的信号，称为阿雷西博信息。若被地外智慧生命接收，则将开启人类与人类之外的文明生物进行信息交互的新时代。

数字媒介的首要特点是信息的立体化。尽管文字符号依旧发挥着巨大作用，但人类已经不满足于将现实世界的经验通过压缩来进行持久、轻便的保存，人们利用数字媒介逐渐完整地补充信息在转化为文字符号时所缺失的大量信息。麦克卢汉说："转换成纸质文字的经验使原有经验扁平化，使之变得苍白。而最有利于智能发展的经验不是单纯的文字经验，而是多种视听媒介的经验。"② 数字媒介的产生与发展不断弥补着文印媒介将信息扁平化的劣势。除了文字符号信息之外，数字媒介还可以传递图片、图像、动画、声音、语言、影像等等一切可以利用的符号，人们通过数字媒介可以全方位、立体化、完整地认知周围的世界。这些数字符号触动人的不同感官，提供丰富的信息体验，人不再只是视觉动物，能够能综合运用听觉、视觉、触觉等综合性地感知信息并进行思维。

数字媒介的另一主要特点是信息逐渐呈现非线性。口传媒介和文印媒介在信息传递之前，就已经形成了固定的顺序，接收者只能按照预定的顺序接纳信息。数字媒介的跨媒体超链接技术打破了这一枷锁。它将不同的信息文

---

① 达恩顿. 阅读的未来 [M]. 熊祥，译. 北京：中信出版社，2011：23.
② 莱文森. 莱文森精粹 [M]. 何道宽，译. 北京：中国人民大学出版社，2007：227.

本通过关键词建立链接，每一个链接的节点都指向不同的独立的文本信息，从而形成一个巨大的网络式超级文本。信息的接收者在面对信息时拥有了极大的自主选择权利，可以以发散式的、超链接的方式不断加大、加深对信息的理解，根据自己的意愿在信息之间自由跳跃，增强信息获取的灵活度和深入度。

再者，数字媒介还具备互动性。口传媒介具有即时的交互性，但必须依赖时空的"同时"。文印媒介互动性较差，苏格拉底曾说："写下来的字，你认为它们在说话，好像它们有理解力，但是倘若你想再追问，它们始终是那个老样子，永远是那个意思，'说话人'的回答永远千篇一律。"① 纸张上的文字是预定安排好的，信息缺乏互动关系，反馈力弱。数字媒介借助网络交互技术，在传统文本中引入了对话机制。在这里，"关系"成为重要纽带，信息传播变成了群体知识社群的信息碰撞，每一个参与者都是信息的创造者、传递者或接收者。

数字化后的文本信息呈现立体化、非线性和交互性的特点，日益改变着人们的交流环境、交流方式和交流对象，也在不知不觉中重新定义人本身。在 2011 年 10 月初出现的一部影片 *Baby Thinks A Magazine is An iPad That Does NotWork* 中，一岁的小朋友在长期使用 iPad 之后，在看杂志和书籍时，对其无法点播、不能用手指动作来放大缩小图片，感到不解。② 这样的情景印证着麦克卢汉所言："媒体，藉由改变环境，在我们身上唤起了不同的独特感官知觉比例。任何一种感官的延伸，都会改变我们思考和行为的方式——我们感觉这个世界的方式。当这些比例改变，人就变了。"基于对信息受众的研究，传播学研究者将出生在数字媒介环境下的儿童称为"数字世代"或者"千禧一代"或者"N 世代"，即"在数字媒体包围下成长起来的第一代"。③ 在他们身上有着不同于以往任何时代的人们所拥有的特点，这是媒介环境带给人自身的改变。

数字媒介在重新定义人本身的同时，也在重新定义人的发展。"什么知识最有价值"的问题是教育的根本性问题之一，长期以来存在大量争议。从媒介演进的角度来看，知识观的问题实质上是文印媒介给客观知识和个体知

① 黄旦．手拉手还是心连心：什么是交流？[J]．读书，2004（12）：52．

② http://abcnews.go.com/blogs/technology/2011/10/to-a-baby-is-an-ipad-that-does-not-work/. 2016-1-8.

③ 唐·泰普斯科特．数字化成长 [M]．云帆，译．北京：中国人民大学出版社，2009：4．

识、直接经验和间接经验之间带来的矛盾和张力所致。联合国教科文组织在《从信息社会迈向知识社会》报告中，将信息和传播新技术革命称为第三次工业革命。文中写道："信息和传播新技术革命，并伴随着知识体制的变革。几十年来，这些大规模技术变革一直影响着知识的创造手段、传播手段和处理手段，以至于有人认为，我们将迎来知识的新数字时代。"① 数字媒介将立体化、综合性的经验信息全方位展现在人们面前，并借由它强大的"人性化功能"牢牢把控了人们的注意力，这带来了人们关于人之发展问题的新焦虑。承载在文印媒介上的"套装的知识体系"与人们的日常生活经验存在着断裂，导致人们获得间接经验存在一定的难度，并且与人们的现实生活存在差异，当数字媒介把人们的视线固定在浩如烟海的立体化信息之时，人们开始深入思索数字媒介到底如何建构和再现世界，它们如何选择、组织信息，以及如何使用和评价数字媒介中的信息，人们需要发展什么样的能力，才能更好地生活在数字媒介中。

儿童信息传播正处于剧烈变化之中，这是由数字媒介的发展所带来的文化环境。美国国会图书馆是目前全球最大的有形图书文库，堪称现代世界的亚历山大图书馆。然而，在强大的互联网络面前，宏伟的有形图书馆却相形见绌、黯然失色。随着新媒体技术的发展，网络信息的数量仍将继续扩大。电子化、数字化的信息资源在以前所未有的速度进入浩如烟海的信息互联网络。1768 年在苏格兰爱丁堡问世的《大英百科全书》，自 1994 年开始提供网络版，现在使用人口破亿。然而自 2012 年起却结束了 244 年的印刷出版，不再印制纸本，仅提供电子版。官方表示，主要是纸本市场急速衰退，现下只占营业额的 1%，而他们早已预料到这一天的来临。美国出版商协会于 2012 年 6 月 15 日发表新的调查报告显示，电子书的销售额有史以来头一遭打败了精装实体书。不仅是课余读物，学校正规教育中所使用的教科书也有着巨变。2012 年 1 月 19 日，苹果推出电子教科书平台，并与几大教科书出版商联合推出 iBooks Textbook，以苹果自己的宣传声称这是 "Reinventing the Textbook" 及 "The Next Chapter in Learning"。韩国在 2015 年即以数字教科书取代实体教材，成为全球第一个高中以下学校数字化教学的国家。种种事例证实着费希尔的预言："尽管阅读有形图书和电子图书在本质上是

---

① 联合国教科文组织. 从信息社会迈向知识社会：建设知识共享的二十一世纪 [EB/OL]. http://www.un.org/chinese/esa/education/knowledgesociety/intro.html. 2016-10-08

相同的，都是视觉系统对书面文字进行加工处理的过程，但电子图书终将为人类提供更为丰富的阅读体验，诸如全息文本、动画文本、超文本、互动文本等其他无法想象的文本形态。鉴于此，随着时间的推移，传统图书将会逐渐过时，电子图书不仅会成为司空见惯之物，而且也会成为唯一的原型。"①

在数字媒介营造的文化环境下，儿童信息传播也必然发生巨变。根据中国互联网络信息中心发布的《中国互联网络发展状况统计报告》显示，截至2023年6月，青少年网民数量已接近2亿。《我国未成年人数据保护蓝皮书（2023）》数据显示，上网听音乐和玩游戏是未成年人的主要网络休闲娱乐活动，占比分别为63.0%和62.3%，部分青少年长期沉迷于网络游戏，对心理健康造成了严重侵害②总的来说，现如今的儿童置身在一个他们的祖辈所未曾置身的环境，能够了解并互相分享到"长辈以往所没有的、今后也不会有的经验"，儿童所采取的信息传播方式也逐渐隔离着长辈们所了解的世界，长辈们逐渐丧失教化的绝对权力，儿童获得了前所未有的"文化反哺"能力，使文化知识改变了单向传递的模式。美国传播学家约书亚·梅罗维茨认为，文印媒介有利于形成社会场景之间的隔离，从而促成知识的垄断。而数字媒介则倾向于打破隔离、融合社会场景，最终使权威消解。③于是，数字媒介下，儿童作为新一代，很大程度上引领着文化变革的时代潮流，他们将新技术、新媒介迅速融入自己的生活和学习，成为自己文化建构的主体。周晓虹认为，儿童与数字媒介中的交往是获取各种新知识和新的价值观念的途径，这也成了向父母进行"文化反哺"的知识蓄水池。④

从具体方面来说，数字媒介下的儿童信息传播，方方面面都表露着新的特点。网络文化在过去几年中通过各类互联网娱乐应用在青少年儿童网民中快速渗透。从儿童信息传播主体上来说，"读屏"的人数日渐增多；从儿童信息传播性质上来说，信息交互的严肃意义正在消解；从儿童信息传播方式上来说，浏览、跳跃、观看的信息接收正成为主要方式；从儿童信息传播功能上来说，个性化、娱乐性、消费性的信息交互正在虚拟世界铺展开来……可以说，数字媒介正在席卷并全面革新儿童信息传播的形态。

---

① 史蒂文·罗杰·费希尔. 阅读的历史 [M]. 李瑞林，译. 北京：商务印书馆，2015：299.
② 中国互联网络信息中心. 中国互联网络发展状况统计报告（第52次）[R]. 2023.8.28.
③ 陈洁. 印刷媒介数字化与文化传递模式的变迁 [J]. 浙江大学学报（人文社会科学版），2009，39（6）：168.
④ 周晓虹. 文化反哺：变迁社会中的亲子传承 [J]. 社会学研究，2000（2）：51—66.

第一章　儿童信息传播的要素与流程

信息传播是个人、组织和团体通过符号和媒介交流信息，向其他个人或团体传递信息、观念、态度或情意，以期发生相应变化的活动。移动互联时代，智能媒介使传播环境发生了天翻地覆的变化，而儿童信息传播活动无论从渠道、载体，还是内容、效果等方面均有了较强的移动互联特征。本章将从儿童传播的构成要素出发，来探寻这一特殊传播情境的具体流程。

第一节　儿童信息传播的要素及其逻辑关系

了解儿童传播的具体流程要从儿童信息传播的具体要素出发。虽然移动互联时代，儿童信息传播活动发生了较大变化，但是就传播要素而言，仍然沿袭着传统传播的具体构成思路进行。

一、传播的构成要素

就传播要素的本身而言，学界有着多样的研究视角，最常见的视角主要分为历时性考察和共时性考察。

共时性考察和历时性考察是分别从静态与动态、横向与纵向的维度考查社会结构及其形态的视角。前者侧重于以特定社会经济运动的系统以及系统中要素间相互关系为基础，把握社会结构；后者侧重于以社会经济运动的过程以及过程中的矛盾运动发展的规律为基础，把握社会形态。具体到传播研究中，历时性研究主要按照时间序列来考察传播活动发生和发展的历史演化，而共时性研究主要对传播活动的各个环节和要素进行解剖和分析。前者属于纵向过程研究，后者属于横向过程研究。

传播的基本过程指的是具有传播活动得以成立的基本要素的过程。传播学鼻祖施拉姆认为，传播至少要有三个要素：信源、讯息和信宿。但是，仅有上述三个要素还不足以构成一个现实的传播过程，也就是说，还必须要有使这三个要素相互连接起来的渠道或者纽带，即媒介。

有了上述四个要素以后，物理学意义上的传播过程就基本上具备了成立的条件，但是对考察人的社会互动行为的传播学来说，这个过程仍然不算完整。在传播学中，一个完整的传播过程应该把受传者的反应和反馈包括在内。

基于以上思考，传播学视角中的完整的传播过程应该由以下要素构成：

传播者。又称信源，指的是传播行为的引发者，即以发出讯息的方式主动作用于他人的人。在社会传播中，传播者可以是个人，也可以是群体或者组织。

受传者。又称信宿，即讯息的接收者和反应者，传播者的作用对象。"作用对象"一词不意味着受传者是完全被动的存在，相反，他可以通过反馈活动来影响传播者，受传者同样既可以是个人，也可以是群体或组织。受传者和传播者并不是固定不变的角色，在传播过程中两者能够发生角色的转换或交替。

讯息。讯息指的是由一组相互关联的有意义符号组成，能够表达某种完整意义的讯息。讯息是传播者和受传者之间社会互动的介质。通过讯息，两者之间发生意义的交换，达到互动的目的。"讯息"一词在中文中也被翻译为"消息""文告"等等，是一个与"信息"意思相近又有微妙区别的概念。一般来说，信息的外延更广，它包括讯息。而讯息也是一种信息，其特点是能表达完整的意义。

媒介。又称传播渠道、信道、手段或工具。媒介是讯息的搬运者，也是将传播过程中的各种因素相互连接起来的纽带。

反馈。指受传者对接收到的讯息的反应或者回应，也是受传者对传播者的反作用。获得反馈讯息是传播者的意图和目的，发出反馈讯息是受传者能动性的体现。反馈是体现社会传播的双向性和互动性的重要机制，其速度和质量依媒介渠道的性质而不同，是传播过程中不可或缺的因素。

如果继续将传播的过程细化，施拉姆提出，传播过程应该包括以下八个要素：

信源（Source）：信息的来源，是传播过程的开始。

讯息（Message）：传播的内容，是即将用于交换的信息组合。

编码者（Encoder）：负责将讯息译制为可用于传输或表达的形式，如各种符号和信号等。

渠道（Channel）：传播讯息所依赖的介质、通道或讯息传输系统。

解码者（Decoder）：与编码者的作用相反，负责将编码者编译过的符号和信号还原为接收者能够理解的讯息存在形式。

接收者（Receiver）：讯息的接收者，是传播的目的地与终端。

反馈（Feedback）：介于信源与接收者之间的一种结构，是由接收者在接收讯息后对信源的一种后续的反向传播。信源可以利用反馈来对后续传播做出相应的调整。

噪音（Noise）：是信息传播过程中可能发生的附加、减损、失真或错误。

二、儿童信息传播活动的具体构成要素

现代儿童生长在信息化时代，作为媒介"原住民"的他们从一出生就被纷繁复杂的媒介信息所包围。与传统的儿童群体不同，现代儿童更多的是通过各种媒介获得信息来认识世界，由成人主导的信息传播过程随着信息化时代的发展发生了巨大变化。信息化时代所营造的新媒体传播环境的特点主要在于交互性，它突破了传统传播的单向方式，注重传受双方的互动反馈。在这个时代，儿童信息传播中的各项要素，均发生了较大的变化。

（一）信源：智能多元的儿童信息传播主体

儿童信息传播中的信源即指儿童信息传播的主体。在传统的信息传播中，给儿童传递信息的传播主体往往只局限于家长、老师或者同伴等。但在媒介技术发生巨大变革的今天，儿童信息传播的主体具备较强的多元化特征。除了老师、家长或同伴，儿童通过多样的媒体终端所接触到的信息传播者都可能成为信息传播的主体，就连儿童自己也可能在接受信息的同时，成为信息传播的主体。调查数据显示，城市儿童大部分在 0—3 岁就已经开始阅读图书，此阶段接触电影和电脑的儿童占 23％，但大部分儿童都在 5 岁之前接触电影和电脑，一些家长甚至为更早的低月龄期子女提供图卡追视训练、布书阅读或婴幼儿早教音视频。[①] 这意味着，各类媒介已经成为当代儿童早期接触和认识世界的重要渠道。

---

① 张越．"图像人"的诞生：儿童媒介生活的变迁及其教育意义 [J]．教育发展研究，2021（10）：78—84.

除多元化以外，智能化也是儿童信息传播中重要的主体特点。传统信息传播中，成人等传播主体只是普通的个体，但是在信息化时代，传播主体发生了变化，如智能手机、电话手表等传播主体就是智能化的主体，是承载着新技术而发送信息的主体，所以提供的信息内容也相对标准规范，甚至是整齐划一。在信息传播中，儿童接触到的是一个庞大的主体，是由多样的智能媒体技术构建起来的巨型信息组织。

（二）信道：互动、开放、虚拟的儿童信息传播渠道

儿童信息传播中的信道即指儿童传播渠道。在传统媒介与新兴媒介的交替融合中，不同的媒介形式对儿童的成长发展都产生了一定的影响。媒介的多样性增加了儿童获取知识、信息、娱乐的选择，儿童接触的信息可以不受时间以及空间的限制，新媒体强大的社交功能构建起新的社交方式和社交网络，发达的交互功能在儿童群体中引领着一种人机和谐的新方向。在印刷时代，读写能力的门槛将儿童与成人分隔于两个社会化空间中；电视媒介时代，儿童的观看行为可以通过频道的限制加以约束。但在以社会媒介化、传播全球化和信息多元化为特征的新媒体环境下，媒介技术的发展使得儿童获得了"超越年龄"的来自虚拟符号的沟通互动，进而对其产生依赖。

开放性同样是儿童信息传播渠道的重要特点之一。信息化时代的新媒体环境打破了传统传播环境的限制，并且通过发挥传播环境中信息的相互交流与共享，实现了传播过程的开放性。这种开放性体现在两个方面：一是传者与受者关系的平等化；二是传播范围的广阔性。同样地反映在儿童传播中，传播过程的开放性消解了信息发送者与接收者之间的边界，消除了成人与儿童的边界。[①] 如在传统印象中，智能手机似乎是成人世界的专属，但儿童的本性决定了他们是科技与新媒介的追随者，正处于身心逐步走向成熟的阶段，对新生事物敏锐的嗅觉敏感以及强烈的好奇心，能够促使儿童在短时间内熟练掌握新兴媒介的使用技巧。在他们身上，新旧两代媒介得到很好的兼容，从媒介中获取信息的能力也在飞速发展，这是新兴媒介在发展革新的同时造成的儿童使用媒介方式的无形改变。

除此之外，儿童信息传播的渠道还具有虚拟性特点。网络的匿名和虚拟将儿童活动的空间无限扩大，随着人工智能、移动互联网以及物联网的发展，无处不在的媒介触点、智能化和场景化的信息匹配、临场化和泛在化的

---

① 上官海青. 信息化时代儿童传播中的信息流研究 [J]. 新闻传播，2016（9）：42—46.

信息传播等要素，为儿童提供了难以想象的虚拟情境。如网络游戏《王者荣耀》，凭借其简单易上手、充满趣味、黏性强等特点，吸引了大量少年儿童，使得一些儿童整日沉溺在游戏的虚拟世界当中，当儿童对这种从虚拟世界中获得"趣味"所建立的依赖感累计到一定程度时，就容易割裂儿童精神生活与自然的某种联系，导致儿童对这种虚拟环境愈发依赖。

（三）信息：多样、联结的儿童信息传播内容

儿童信息传播中的内容具有较为明显的多样性。在信息化时代，新媒体在传播内容方面更为丰富，在媒体整合方面也越来越丰富。儿童喜欢玩的智能手机、平板电脑等内容，可以说是图文音像并茂，并通过静动态结合的方式将儿童喜闻乐见的内容通过各种媒体形式呈现出来。一直以来儿童都是媒介发展的受益者，在过去的一百多年中，几乎每一个新时代的儿童都享受了以往儿童难以享受到的信息大餐。如今以移动互联网为基础的媒介与传统电子媒介最显著的区别在于高度互动性，要求受众主动参与，如智能手机、平板电脑、电话手表、电子玩具、虚拟社区等，展现出容易携带、功能多样、内容丰富的特点。同时，随着各类电子媒介制造成本的不断下降，此类新兴媒体终端逐渐进入了更多的普通家庭，普及率越来越高，逐渐成为家庭生活的必需品，为儿童提供了更多接触、使用新兴媒介的机会，其中丰富的娱乐、学习、社交、游戏等内容无时无刻不对儿童产生着强大的吸引力。

儿童信息传播的内容同时具有联结性。信息化时代，儿童传播的内容往往是将文字、图片、声音、图像甚至虚拟现实综合为一体，与公众在接受刺激和做出反应之间直接建立联结。信息量大，影、音、图、文并茂，并且具有较强的互动性和参与性。这种联结性使得儿童习惯于超文本的阅读，享受于微阅读或浅阅读的刺激当中。

（四）信宿：儿童传播中的受传主体

儿童信息传播中的受传主体无疑以儿童群体为主，而当下的儿童群体具有独立性、自觉性、发展性等不同特征。虽然学界已将儿童群体分为婴幼儿、学龄前、学龄儿童等不同群体，但总体来看，如今的中国儿童在享受了中国人从未经历过的物质成果的同时，形成了同父辈完全不一样的物质态度；在思想空前解放的宽松空气中呼吸，他们自然更加重视自我发展，追求着父辈想也不敢想的自由和放纵；经受着快速发展的高科技的冲击，他们视野开阔、思维敏捷、蔑视权威、崇尚创新；作为中国历史上意识形态最活跃、思想观念最解放时代里出生长大的一代，在他们身上，先进与激进、批判与反叛、生命力和破坏力共存；处于寄托家庭、社会期望值最大，最受社会瞩目的社会角色状态，他们面临着过去父兄从未遇到过的社会环境带来的发展困惑、生存压力带来的心理困惑、生活方式的选择困惑。时代造就了他们的开放、潇洒、飘然，也将未曾有过的艰难放在了他们的肩上。他们是中国社会发展历史上从未有过的一代人。

（五）信效：错综复杂的儿童信息传播效果

由于儿童接受的信息内容和形式错综复杂，在信息化时代去评估儿童信息传播的效果是很复杂的。信息的传播效果强弱本身就是一个很难测定的变量，这些信息对孩子发展起着怎样的影响更是不好说。世界著名的绘本《生气汤》和《生气的亚瑟》都是让孩子学会情绪调控的好书，但事实上有些孩子在阅读的时候如果没有成人指导，在看不懂的情况下往往会对绘本本意进行曲解。如果正好处于情绪发展的敏感期，仅看书名，以为告诉他生气是一件好事，看了这样的书之后，反而更容易发怒，不会情绪调控。另外，像《我不想午睡》这样的书名，也容易让孩子以为不午睡是理所应当的，可事实上图书的创作初衷不是这样的。有些动画片里同样存在这样的问题，一些新词汇如'坑爹'也不利于儿童语言规范性的把握。

同时，信息传播对儿童的影响从发生到产生效果需要一段时间。我们知道，大众传媒就像一把双刃剑，对儿童既有正面的影响，也有反面的影响。实质问题告诉我们，在信息化时代，大众传播发展迅速，我们在看待大众传播带给儿童影响的时候，还需要从发展的角度去看问题，比如媒体上曾经报道有儿童模仿动画片中的暴力情节，而这种影响可能不会在某一时刻就迅速的体现出来，相反，会随着孩子的成长而慢慢呈现。

三、儿童信息传播活动中各项要素的逻辑关系

就传播过程中的各项要素的逻辑关系研究，讨论最多的仍然是传播过程的基本模式，即将传播中的各项要素放入传播过程中去统一讨论。而所有的研究成果中最早出现的是线性模式，而后发展到控制论模式，最后发展到最高层次的社会系统传播模式。

最为经典的是拉斯韦尔的线性传播模式，即传播是一种直线型、单向型的过程，从传播者开始，经讯息、受传者，到传播效果结束，没有受传者的反馈，也看不到其他各要素之间的关系。1948 年美国数学家香农和韦弗同样提出了一套线性传播模式"香农-韦弗模式"，如图 1-1 所示：

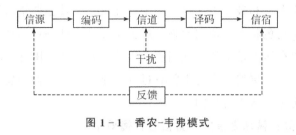

图 1-1 香农-韦弗模式

香农-韦弗模式是指信源发出信息，再由发射器将讯息转为可以传送的信号，经过传输，由接收器把接收到的信号还原为讯息，将之传递给信宿。在这个过程中，讯息可能受到噪音的干扰，减少某些衰减或失真。香农-韦弗模式导入了噪音的概念，表明了传播不是在封闭的真空中进行的，过程内外的各种障碍因素会形成对讯息的干扰。它对一些技术和设备环节的分析提高了传播学者对信息科技在传播过程中作用的认识，为以文理结合的方法考察传播过程打下了基础。

在控制论模式中，首先是奥斯古德-施拉姆循环模式。它没有传播者和受传者的概念，传播双方都作为传播行为的主体。模式重点不在于分析传播渠道中的各个环节，而在于解析传播双方的角色功能。参加传播过程的每一方在不同阶段都依次扮演着译码者（执行接收和符号解读功能）、解释者（执行解释意义功能）和编码者（执行符号化和传达功能）的角色，并相互交替着这些角色。此种模式的缺点即将传播双方放在完全对等或平等的关系中，与现实情况不符，能够体现人机传播特别是面对面传播的特点，却不能适用于大众传播的过程。

施拉姆于1954年提出了大众传播过程模式。他指出，构成传播过程的双方分别是大众传媒与受众，两者之间存在着传达与反馈的关系。作为传播者的大众传媒与一定的信源相连接，又通过大量复制的讯息与作为传播对象的受众相联系。受众是个人的集合体，这些人又分属于各自的社会群体，而个人与个人、个人与群体之间都保持着特定的传播关系。施拉姆的大众传播过程模式在一定程度上揭示了社会传播过程的相互联结性和交织性，初步具有了系统模式的特点。

20世纪50年代后期，美国社会学家德弗勒在香农-韦弗模式的基础上提出了互动过程模式，克服了前者单向直线的缺点，明确补充了反馈的要点、环节和渠道，使传播过程更符合人类传播互动的特点。拓展了噪音的概念，认为噪音不仅对讯息而且对传达和反馈过程中的任何一个环节或者要素都会发生影响。这个模式的适用范围较广，包括大众传播在内的各种类型的社会传播过程，都可以通过这个模式得到一定程度的说明。

另一种经典的传播模式理论即系统论模式，首先是在 1959 年由美国学者赖利和他的妻子提出的，即赖利夫妇模式。他们指出，从事传播的双方即传播者和受传者都可以被看作是一个个体系统，人内传播。个体系统与其他个体系统相互连接，形成人际传播，个体系统分属于不同的群体系统，形成群体传播。群体系统的运行又是在更大的社会结构和总体社会系统中运行的，与政治、经济、文化、意识形态的大环境保持着相互作用的关系。他们认为，每个系统既具有相对独立性，又与其他系统处于普遍联系与相互作用中。

即 1963 年德国学者马莱茨克提出了另一种系统论模式理论，即系统传播模式。他将大众传播看作是包括社会心理因素在内的各种社会影响力交互作用的"场"。这个系统的每个主要环节都是这些因素或影响力的集结点，包括影响和制约传播者的因素（传播者的自我印象、人格结构、同僚群体、社会环境、受众的自我反馈所产生的约束力、来自讯息本身及媒介性质的约束力等），影响和制约受传者的因素（受众的自我印象、人格结构、群体影响、社会环境、媒介内容的效果、来自媒介的约束力等），以及影响和制约媒介和讯息的因素，包括传播者对传播讯息的选择与加工，受传者对媒介内容的接触选择等等。

第二节　儿童信息传播的阶段性特征

一、群体性：低龄化与"无师自通"的儿童群体

根据 CNNIC[①] 数据，我国未成年网民已达 1.83 亿人，而首次接触媒介，尤其是电子媒介的时间逐渐呈现出"低龄化"趋势。大量的儿童在婴幼儿时期就有了使用电子媒介认识世界，与他人进行沟通的自主意识。可以说，随着数字媒介在我国家庭中的广泛普及，儿童已经成为数字媒介时代当

① 中国互联网络信息中心

仁不让的"原住民"。

作为儿童信息传播的主体，儿童在信息传播活动中体现出了与成年信息传播者迥异的主体特征。首先，与我们想象中不同的是，儿童在接触媒介、适应媒介的过程中表现出了比成年人更强的接受能力和适应能力。一旦接触到某种新的媒介，强烈的兴趣会使其使用媒介的能力在短时间内迅速攀升，而与此同时，他们的父母却在媒介接触中体现出了停滞、固化等特点。比如，我们经常可以看到五岁左右甚至更低年龄的儿童，使用父母的手机学会了刷抖音视频，用微信进行聊天，甚至用"美拍"等手机软件为自己创作视频等等。让我们感到惊讶的是，在我国小学中已经有超过80％的儿童拥有了自己的社交媒体，其中有64％的儿童会在网络中自主发表一些个人创作的内容，有超过30％的儿童在社交媒体上已经拥有了自己的"粉丝"。一位当老师的朋友说："现在家长们终于不用担心王者荣耀了，因为现在孩子们迷上新玩意了，抖音、快手简直风靡到爆。班里有个孩子因为在抖音发逗趣短视频粉丝好几万，成为班级偶像，被小女生们热捧，其他小男生也有样学样，搔首弄姿，各显神通。"

除了明显的低龄化以外，作为信息传播主体的儿童还体现出了极强的自主性特征。与上厕所、穿衣服、写字、画画等生活技能需要父母合理的指导、教育不同，儿童对于媒介的适应体现出了主动、自主的特征。手机、电脑、IPAD等媒介漂亮的外观、强烈的色彩等视觉刺激，能够引起儿童极大的兴趣。从这点来看，儿童对于媒介产品的喜爱似乎是与生俱来的。比如，仅仅出生几周的婴儿如果听到电视的声音就会停止自己正在进行的动作，而将视线转向电视。学会走路后，婴幼儿会触摸电子媒介的屏幕，会与屏幕中所呈现的画面主体互动。经常会有家长说，家里的儿童做事情无法集中注意力，但是当看电视、玩手机时就会特别活跃，而且精力非常集中。有些时候还会随着屏幕中的动作边唱边跳、拍手，甚至模仿动作，对屏幕做出热情的反应。同样的情况，在父母使用媒介仅仅是为了工作、娱乐等需求的同时，儿童已经开始在媒介中主动交友，创作内容，甚至建立自己的文化圈子。

此外，儿童在信息传播过程中，由于自身生理控制水平、认知水平等方面的差距，也体现出了较强的局限性。比如，儿童无法正确把握使用媒介的频率与强度，导致部分儿童出现了媒介依赖症，尤其是新媒介依赖症等。某项调查显示，6—10岁的儿童每天接触电子媒介的合理时间大概在1.05小时左右。但由于缺乏父母陪伴、监护人对媒介缺少限制等原因，部分儿童每天接触电子媒介的时间已经达到了 4 个小时以上，最终导致儿童在媒介中迷失自我。再比如，由于认知上的欠缺，儿童在作为信息传播主体参与信息传播的过程中经常无法正确认识所传递信息的真实含义，导致了非主观性的错误信息传递。比如，我们在某些时候会发现很小的儿童在语言表达时充满了攻击性，但他自己却没有意识到说出这样攻击性语言的后果，而将其理解为正常的沟通，这都来自儿童对于媒体信息的错误认知。家长告诉孩子，打其他小朋友会痛，如果喜欢欺负其他小朋友，就没有人喜欢和他一起玩。但我们的儿童在媒介接触中看到了喜羊羊和灰太狼总在争斗，猫和老鼠也每天都在打架，对于这个虚拟世界规则的错误理解，会让其产生与媒介信息同样的逻辑。江苏连云港某 9 岁男孩模仿动画片中灰太狼用火烤羊的情节，将两名同伴严重烧伤就是这个原因。

总的来说，儿童在信息传播的世界中并不是孤立的存在，作为主体的他们有着明显的群体性、独特性，需要我们正确认知和接触。虽然媒介环境是以成年人为主的信息世界，但我们并不应该粗暴地将儿童排除在外，而应该主动接纳，正确理解儿童群体在信息世界中的重要角色。

二、圈层化：无处不在的儿童信息圈子

互联网世界中，人们会依循各自的兴趣爱好和话语模式参与到特定的圈层中，进行圈层之内与圈层之间的群体互动，而这也是网络文化的最大来源。作为信息传播中独立参与者的儿童群体，由于其特殊的群体特点，显示出了与成人世界不同的信息圈子特点。一方面，他们似乎无法融入成人为其"设置好"的文化圈层，而另一方面，他们又通过持续的信息传播与价值创造，营造出了一种只属于自己的文化圈层，在这样的圈子中，他们交流自己的兴趣爱好、价值观念、情感诉求，展现出了极强的传播主动性。

比如，儿童会在信息传播中展现出独特的语言文化圈子。一项调查显示，有六成儿童经常使用网络语言，他们认为网络语言好玩又方便沟通。儿童的语言文化圈子一部分来自成人网络世界的渗透，而更多的来自儿童兴趣世界的再创造。目前广泛使用的网络语言有传统的谐音类、英文简写和数字等，如"酱紫"代表"这样子"，"神马"替代"什么"，如 CU 是"see you"，886 替代"拜拜咯"等。还有由于游戏和短视频 App 的流行而产生的流行语，如皮皮虾、凉凉、小猪佩奇等，如"吃鸡"代表绝地求生，"王者荣耀"被称为"王者农药"。队长经常对队员说的"稳住，我们能赢"等。

电视剧和日常生活中的语言也会通过网络发酵成为新形式的网络语言，如源自《西游记》里红孩儿的那句台词："你是猴子请来的救兵吗？"逐渐演化成"你是猴子派来的逗比吗？"，如"我喝的是假酒"句式的流行，演化成一系列的"我吃了假的晚饭""我上了假的体育课"等。此外，儿童还会在交流中使用各种表情包图片。"斗图"在儿童中的流行完全不逊色成大人，由于儿童对电子产品的熟练使用，他们不仅是网络流行用语、用图的有力传播者，同时也开始成为制造者。

图 1 - 2　儿童"斗图"

游戏圈子也是典型的儿童信息圈层之一。"王者荣耀""和平精英"等网络游戏似乎已经成为儿童群体不可缺少的话题。在儿童普遍触网较早，同时大量儿童在小学期间就拥有移动终端的情况下，网络游戏画面色彩鲜艳、互动性强、对硬件要求低等特点使其迅速占领了儿童的生活日常。我们经常会看到放学后几个小朋友聚在一起，甚至蹲在路边一起"开一局"，也可以看到他们对自己"段位""水平"的炫耀。他们用"辣鸡""菜鸟"来形容游戏水平较低的同学，也习惯用"大神""王者"来自居。在喜爱游戏的儿童心中，他们自己的游戏圈子神圣不容侵犯，自己喜爱的游戏不被人肯定，或者自己的游戏水平被人质疑，对他们来说是一种全面的否定。而肯定他们的游戏水平，或者加入他们的团队，都能够让他们感觉到成就感。

游戏圈子的火爆实际上是青少年信息传播多样化的一种体现。一方面，传播的人群多样化。儿童在游戏圈子中可以和不同的人群交流、交际，可以遇到从国内到国外不同地域的人，打破了地域的局限性，也使得儿童能够了解各地的民族风情。同样，儿童在游戏圈子中也可以遇到不同专业领域的人，专业间的差异性让思想不断碰撞出小火花，实现思维的拓展。另一方面，游戏圈子其实也是儿童社交方式多样化的一种体现。儿童以游戏这一兴趣爱好为交谈出发点，不仅可以线下面对面交流，还可以在线上通过多种互联网平台进行交流。线下，青少年可以通过棋牌游戏、狼人杀桌游等为平台进行交流。线上，儿童可以利用多种游戏社交平台软件自由发表看法，进行人际交往。当然，线上的朋友甚至可以线下见面交流，发展人际关系。线下结识的好友也可以在线上一起体验游戏，交流感情。游戏圈子的社交模式中，"线上加线下"的社交方式相结合，丰富了儿童实现信息传播多样化的方式。

此外，还有我们都熟悉的饭圈文化。饭圈即粉丝群体，娱乐化的时代，"追星"成为一种流行文化甚至生活方式，而这也深深影响着涉世未深的儿童群体。如今孩子们追星的行为，与80、90年代其实没有很大的差异，不过物质充裕的互联网时代，使得现在的追星行为更加疯狂。小一些的孩子迷上奥特曼，讨论奥特曼各种人物，搜集各种卡牌和玩具，互相分着玩，也互相攀比，饶有乐趣。大一点的孩子喜欢当下流行的国内或者日韩明星，经常塞着耳机听歌曲，去偶像的各种社交平台上留言，或者加入饭圈网络平台，和其他粉丝一起交流。一般来说，行为还是可控的、正向的。

从某种程度上说，追星的冲动，饭圈的出现，都无可避免。青少年正处于身心急剧发展的时期，喜欢更多的新知识，也需要一些互相能讨论、能行动的象征物。但他们多数是不能直接介入一些活动，或者操控一些对象的，所以他们自主的追星行为，以及在这个追逐过程中的自尊感、自信感、团体归属感就让他们欲罢不能。并且，青少年在成长过程中也逐渐开始需要参照群体，随着他们对同伴关系越来越重视，他们开始希望自己变成那些荧屏上优秀的人，无论是真实存在的偶像，还是虚构的偶像，都让他们感觉到力量感和存在的价值。

但有时候，这种追星行为看起来有些疯狂。有时候是自发的，有时候是被引导的，饭圈粉丝们围绕给明星打榜、冲数据、搞活动、做慈善等忙得不亦乐乎。调查披露，有一些饭圈由于利益巨大被一些专业运营者或者庄家控制，向饭圈集资，甚至有圈主私吞了饭圈粉丝给偶像的钱。

另外，不同明星的饭圈之间互相攻击，特别受到黑粉群体的煽动，有时候发起冲量大战，表现出饭圈的非理性一面。就像勒庞《乌合之众》提到的，群体数量巨大的聚集，大家各种模仿或者误会行为往往转为非理性的行为表现，当中的人都无法控制。在这种情境下，饭圈文化也是不受控制的，一度风靡的祖安文化就是以说脏话为乐，大家在这个空间里打游戏，也互相吐槽，甚至吐槽得越狠，越受追捧。这种"审丑文化"当然不利于青少年身心健康和成长。

当然，饭圈文化也不是完全没有益处，有时候也能够给儿童群体带来一些正向的引导。那些讨论奥特曼时两眼冒光的孩子们，如果引导得好，就能让孩子有所热爱，而不至于沉迷。再比如，粉丝群体会以最快的速度动员形成一个小组，以最快的速度进行人财物力的准备，去做很多事情，2021 年河南、新乡等地的水灾牵动了亿万人的心，娱乐圈的明星们纷纷捐款捐物，在此期间，肖战的粉丝群体出现在了郑州共青团发布的感谢信里，也是唯一一个以明星粉丝公益命名的志愿团体——肖战粉丝公益郑州志愿者实践团队。这也体现了饭圈文化对儿童群体带来的正向引导。

三、主动性：人人都是信息传播的主导者

在成人世界的信息沟通中经常会有"意见领袖"的存在。这些人一般颇具人格魅力，具有较强的综合能力和较高的社会地位或被认同感，在社交场合较为活跃，人际交往能力突出，与受其影响者同处一个团体并有共同兴趣爱好，通晓特定问题并乐于接受和传播相关信息。众多的成年人以意见领袖为核心展开信息交换，他们信任意见领袖发表的观点，喜欢转发、评论意见领袖发出的声音，甚至围绕意见领袖抛出的相关话题进行讨论。而在儿童的信息传播世界中，这样的意见领袖似乎少了很多，尤其是在网络信息传播中，儿童似乎只喜欢以自我为中心，表达自我，宣泄自我。从这个角度来说，在儿童世界的信息传播中，似乎人人都是传播的主导者。

首先，儿童不满足于成年人为其设置的网络话题，试图制造独属于自己的话题，如前文提到的饭圈、游戏圈等等。其次，儿童在信息传播中习惯于用自己的方式不断地展示自我，表达情绪，表达观点。在抖音、快手中可以看到有的孩子涂口红画眉毛，浓妆艳抹标新立异；有的孩子扮可爱撒娇，矫揉造作的声音和表情有着与稚嫩脸庞不相符的差异；有的孩子配合着视频里或悲伤或沧桑的歌词对口型，一副为情所伤的样子……孩子们在抖音中创作、交友，甚至做起了"生意"，他们认为"涨粉"是一项非常有面子的成果，有的小女孩举着"我要一万粉"的纸牌，视频下方则写着："如果你关注我就会有 10 个粉丝，因为我有 10 个号，每个号都会关注你。"

但儿童认知方面的局限性也使得他们在自我表达时无法完全正确的把握自己的行为。比如，有些儿童为了在直播间中当"榜一大哥"而刷光了父母的积蓄；有些儿童为了博得关注在视频创作中脏话连篇、内容恶俗，甚至袒露自己的身体等等，这些都需要家长、社会对其进行合理的引导与监管。

第二章　儿童信息传播主体

儿童信息传播是儿童与其生存发展环境之间的一种传播活动。这种传播活动是儿童与外界社会的互动，儿童既可以是传播活动的发起者，也可以是传播信息的接受者。儿童信息传播属于人类传播的一部分，包含人类传播的五种类型，分别是儿童自我传播、人际传播、群体传播、大众传播和网络传播。因此，儿童信息传播是一个复杂的传播现象，对传播主体类型的把握不能一概而论。

本书在讨论儿童信息传播主体这一问题的时候，基于一种分类的视角，把儿童信息传播分为两种类型：儿童作为信息传播的发起者和儿童作为信息传播的接收者。儿童作为信息传播的发起者时，传播活动的主体是儿童毋庸置疑；儿童作为信息传播的接收者时，传播活动的主体是除儿童以外的环境，主要包括其他个人和组织。

第一节　儿童作为传播活动的主体

共青团中央维护青少年权益部和中国互联网络中心共同发布的《2020年全国未成年人互联网使用情况研究报告》显示，2020年全国未成年网民规模达1.83亿，未成年人的互联网普及率达94.9％。现代的儿童出生、成长在一个媒介化的社会，他们的社会化过程被各种各样的信息所包围。他们不仅通过与父母、亲友和伙伴等初级群体互动来认识外在世界，也比以往各个时代的人更擅长借助现代化媒介体系获取生存和发展的全部信息。

一、儿童的主体性

主体性是指人在实践过程中处于能动、主动的地位和特性。探讨儿童信息传播，一定要认识到儿童在与外界互动过程中，虽然不及成年人那样能动和主动，但其从出生之后，随着生理和心理的成熟，逐渐具有自我意识，具有主体性。

从传播类型、传播方式来看，儿童的信息传播活动与成人的传播活动并没有本质的区别，都包含有人内传播、人际传播、群体传播、大众传播和网络传播，都需要借助语言、文字等象征符号来传递意义，甚至在大众传媒和网络新媒体占主导的媒介化社会中，传播内容、传播技术无一不在印证尼尔·波兹曼的《童年的消逝》。即使如此，儿童依然是一个特殊的群体，其信息传播活动与成年人之间存在着差异是毋庸置疑的，这种差异主要体现在儿童的信息传播相比成年人来说，更紧密地与其生理和心理的发育和成熟联系在一起。关于儿童心理发展过程，两位巨人埃里克森和皮亚杰都给后来的研究者提供了登高望远的机会。

（一）儿童的人格发展

美籍德裔儿童精神分析医生、新精神分析学派的代表人物埃里克森的人格发展阶段论把人的一生按照心理和生理成长过程分为八个阶段，个体在每个阶段都会出现相应的影响人格发展的主要心理矛盾和影响者。埃里克森认为，在每一个心理发展阶段中，解决了核心问题之后所产生的人格特质都包括了积极与消极两方面的品质，如果各个阶段都保持向积极品质发展，就算完成了这阶段的任务，逐渐实现了健全的人格，否则就会产生心理社会危机，出现情绪障碍，形成不健全的人格。

第一个阶段是从出生到18个月左右的婴儿期，这一时期儿童面对的主要危机是基本信任和不信任的心理冲突。这一时期的主要影响者是母亲以及母亲式的人物。如果在这一时期，儿童能够从主要影响者母亲那里获得稳定、可靠、有规律的照料，使自己的基本需求得到满足，就能建立对周围环境的信任感。相反，如果基本需要得不到满足，就会对周围环境产生不信任感或者不安全感。这种基本信任感是形成健康人格的基础，也是以后各阶段人格发展的基础。

第二个阶段是18个月到3岁的儿童期，这一时期的主要心理矛盾是自主与害羞、怀疑的冲突，主要影响者是父亲和母亲。这一时期，儿童开始掌握各种的技能，如说话、走路等等，而且开始具有自我意识，想要"自主"地决定做什么和不做什么。这一时期的父母要承担起控制儿童行为使之符合社会规范，以养成良好习惯的任务，这可能会导致父母和子女的激烈冲突。

如果在这一时期，儿童能够从父母处得到足够的支持和鼓励，会建立起自主性和自我控制能力。然而，如果儿童从父母那里得到了不恰当的保护、受到批评、过度控制或没有机会表达自己，儿童就会感到能力不足、羞怯，进而开始依赖别人，并对自己的能力产生怀疑。

第三阶段是 3—5 岁的学龄初期，儿童必须要面对的心理危机是创新对内疚的冲突。这一时期的主要影响者是家庭这一初级群体。这一时期如果儿童表现出的主动探究行为受到鼓励，就会形成主动性，这是未来能否成为一个有责任感和创造力的人的重要影响因素。如果创新能力和想象力被其他家庭成员嘲笑、批评、控制会压制儿童的发展，使儿童逐渐失去信心，产生内疚感。过多的内疚感会压抑儿童的创造力，使其在未来的生活中囿于狭窄的圈子，缺乏主动创造生活的能力，缺乏价值感。

第四阶段是 5—12 岁的学龄期，这个阶段孩子的自尊感来源由家庭转移到了同龄人。孩子开始发展出自己特定的能力来赢得认可，并对自己的成就产生自豪感。儿童面对的危机是勤奋对自卑的冲突。学龄期儿童的活动以学习为主，如果能够顺利完成学习任务就能获得勤奋感，获得"能力"的品质，能够在未来的生活和工作中充满信心，反之就会产生自卑。

第五个阶段是 12—18 岁的青春期，这一阶段需要面对的主要心理矛盾是自我同一性和角色混乱的冲突。这是儿童生理器官发育和心理骚动的时期，他们开始意识到需要约束自己的本能冲动，有意识地回答"我是谁""我想成为什么样的人"，将自我的过去、现在和将来组合成一个有机的整体，确立自己的理想与价值观念，并对未来的自我发展做出了思考。如果儿童在这一阶段把自己的需要、情感、能力、目标、价值观等特质整合为统一的人格框架，即达到自我同一性的确立，那么他将形成忠诚的品格。"忠诚"意味着一个人有能力在既定的现实中找到自己的位置，按照社会规范去生活，实现自己的价值。相反，埃里克森用同一性危机解释美国青少年犯罪问题，他认为如果这一时期的儿童感到外界环境剥夺了他在未来发展中获得自我同一性的可能性，他就会如野兽被迫捍卫其生命般地迸发出惊人的力量进行抵抗。

第六阶段是 18—25 岁成年早期，需要面对的危机是亲密与孤独的冲突。只有具有牢固的自我同一性的青年人才敢于与他人发生亲密关系，因为与他人发生爱的关系就是把自己的同一性与他人的同一性融为一体。在这个阶段人们开始在亲密关系中分享自己，探索与原生家庭之外的人建立长期稳定有承诺的关系。如果这个阶段发展顺利，则会进入一段幸福的关系，具备"爱"的品质。没有建立牢固清晰自我同一性的人担心同他人建立亲密关系而丧失自我，会躲避亲密关系、避免做出承诺，离群索居，产生强烈的孤独感。

第七阶段是25—65岁的成年期，面对的主要危机是生育和停滞的冲突。在此阶段，人们通过培养孩子打造一份事业或者参与某个组织发挥自己的创造力获得成就感，这是一个人关怀下一代和对社会发挥创造力的愿望最旺盛的时期。埃里克森认为生育感有两层含义：生和育。一个人即使没有生孩子，只要能关心孩子、教育指导孩子也可以具有生育感。没有生育感的人，人格贫乏和停滞，过于关注自我，只考虑自己的利益，不关心他人。这一阶段的危机如果能够解决就会拥有"成功"，相反会感觉停滞不前和效率低下，会感觉与社会脱节。

第八阶段是65岁的成熟期，当老人们回顾过去时，可能怀着充实的感情与世告别，也可能怀着绝望走向死亡。随着年龄的增长，老人需要面对体力、心力和健康每况愈下的困境，必须做出相应的调整和适应。自我调整是一种接受自我、承认现实的感受；一种超脱的智慧之感。如果一个人的自我调整大于绝望，他将获得智慧的品质，埃里克森把它定义为："以超然的态度对待生活和死亡"。反之，那些对过去生活感觉不满的人，往往内心会充满失落感，从而带着绝望和惧怕走向死亡。

人的一生仿佛都在进化升级，每个阶段都会有一对突出的冲突或者两极对立的心理矛盾，是个体必须要处理的危机。这种危机不是灾难性的威胁，而是人生发展中的重要转折点。积极地解决危机，会增强自我的力量，促进人格的健康发展，会让个体更加适应环境；消极对待危机，会削弱自我力量，阻碍对社会的适应。积极解决前一段危机能增强后一段危机积极解决的可能性；消极对待前一段危机会削弱后一段危机积极解决的可能性。

这八个阶段中的前五个都有关儿童的人格发展，人格的形成过程就是儿童社会化的过程。虽然该理论的重点是指出心理冲突，但是不难看出，冲突的积极解决或者消极解决都需要儿童能动地与外界进行互动，所以，儿童信息传播在心理动机层面上遵循人格发展这一规律。

（二）儿童的认知发展

瑞士儿童心理学家皮亚杰从儿童心理的发展开始探索认识和运算的心理起源，提出了发生认识论。

皮亚杰认为智慧的本质是适应，适应是有机体与环境之间的一种平衡状态。适应在生物学上就是同化和顺应，所谓同化是儿童将环境因素纳入已有的认知结构中以加强和丰富机体的动作，引起图式量的变化，简单来说就是儿童用自己已有的认知结构为基础吸收新经验的过程；顺应是儿童的认知结构不能同化客体，必须建立新结构或者调整原有结构，引起认知结构质的变化，以适应环境。心理发展过程中，儿童通过同化和顺应达到平衡状态，这种平衡状态由主体（内因）和客体（外因）相互作用形成。主体与客体的关系不是静止的、单向的，而是动态的、双向的。

制约儿童心理发展的主客体因素包括：成熟、物理环境、社会环境和平衡过程。成熟指的是儿童身体的成长，尤其指神经系统和内分泌系统的成熟。物理环境指的是物理经验和逻辑数理，所谓物理经验指的是儿童感知物体，抽象出物体的各种属性，如物体的颜色、重量、比例、速度等等；数理逻辑指的是个体作用于物体，从而理解动作间相互协调的结果。这种知识经验不存在于物体本身中，是由儿童与外界互动引起的。社会环境包括社会生活、社会传递、文化教育、言语等。社会环境对人的心理发展的影响，是以个体的认知结构为前提，通过社会互动作用实现的。平衡过程是心理发展的决定因素，平衡过程是不断成熟的内部组织和外部环境的相互作用，能够自我调节，让儿童的认知结构不断发展。

儿童从出生到成熟的发展过程中，认知结构在与环境的相互作用中不断重构，从而表现出具有质的差异的四个阶段，新的心智能力的出现是每个新阶段到来的标志，而这些新的心智能力使得人们能够以更为复杂的方式来理解世界。

第一阶段是感觉运算阶段，从出生到 2 岁左右。这一阶段儿童主要是通过感觉和动作来认识客观事物。比如，儿童会采取用手抓和用嘴吮吸的方式来认识新事物，大约在 9 到 12 个月认知到客体永恒性，即使脱离了对物体的感知仍然相信该物体持续存在，在此之前，儿童认为不在眼前的物体是不存在的。儿童也逐渐能够区分自己和客体，知道动作与效果之间的关系，动作与动作之间开始协调。这是思维萌芽的阶段，儿童已经开始在头脑中用符号来表征一些事物，但是还不能用语言和抽象符号来为事物命名。

第二阶段是前运算阶段，大约从 2 岁到 7 岁左右。这一阶段的主要特征是语言开始出现，使得儿童从具体的动作中摆脱出来。儿童开始能够用语言和抽象符号来为事物命名，但是还不能掌握概念的概括性和一般性。这一阶段儿童的典型认知特征是"泛灵论"和"自我中心主义"，儿童认为所有的事物都是有生命的，也就是所谓的"泛灵论"，他们在考虑问题时都是以自我为中心，将自己的想法加于别人，认为自己喜欢的别人也会喜欢，自己讨厌的别人也会讨厌。这个时期的儿童思维是不可逆的，只能按照事物的发展方向顺着推理，而无法做到倒推，并且具有刻板性，只能观察到事物一方面的属性。由于思维不可逆且具有刻板性，所以他们尚未获得物体守恒概念，如无法知道两瓶一样的可乐倒入不同形状的杯子，可乐质量是相同的。

第三阶段是具体运算阶段，大约从 7 岁到 11 岁，这一阶段儿童思维开始具备可逆性。可逆性的出现是守恒获得的标志，也是具体运算阶段出现的标志。守恒是指个体能认识到物体固有的属性不随其外在形态的变化而发生改变的特性，儿童能反向思考他们见到的变化并进行前后比较，思考这种变化是如何发生的。儿童最先掌握的是数目守恒，接着是物质守恒，再然后是几何重量守恒和长度守恒、体积守恒。这一阶段儿童分类和理解概念的能力都有明显的提高，他们能够根据物体各种特性结合的复杂规则进行分类，但这时进行的运算仍需具体事物的支持，如儿童在刚开始学运算的时候，都是借助掰手指或者数小棍进行的，对那些不存在的事物或从没发生过的事情还不能进行思考。

第四阶段大约从 11 岁到成人阶段，儿童思维不必从具体事物和过程开始，可以利用语言文字在头脑中想象和思维，重建事物和过程来解决问题，这种摆脱了具体事物束缚，利用语言文字在头脑中重建事物和过程来解决问题的运算就叫作形式运算。

不同的智慧程度和社会环境、教育环境导致儿童达到各阶段的年龄也不同，但是他们通过各个阶段的顺序是一致的。阶段的发展不是间断性的跳跃，而是逐渐、持续的变化，每一阶段既是前一阶的延伸，又有新的结构出现，它们之间不是量变，而是具有质的差别，但又表现出功能上的连续性。前一阶段的行为模式总是整合到下一阶段中去，而且不能前后互换。每一行为模式渊源于前一阶段的结构，由前一阶段的结构引出后一阶段的结构，前者为后者做准备，且为后者所取代。各阶段之间不是阶梯分明，而是具有一定程度的重叠。

儿童的信息传播遵循认识结构发展规律。皮亚杰发生认识论中的一系列概念：智慧、适应、同化、顺应、平衡，以及四个阶段，是以建构主义和结构主义的视角阐释了儿童与外界的互动，这种互动也是儿童与成人有异的信息传播活动。

二、儿童作为信息传播主体

儿童作为能动的个体，基于自己成长和发展的需要，规律性地进行着信息传播活动。作为信息传播的主体，从传播手段来看，儿童最初始、最基本的传播行为是亲身传播，所谓亲身传播指的是以人体作为媒体，以语言和身体非语言符号为手段的信息流动方式。随着儿童生理和心理能力的提高，在家庭教育和学校教育的引导下，开始借助现代化传播媒介进行信息传播活动。

（一）儿童信息传播的动机

1. 获取信息以掌握外在环境

儿童经历的是一个不断学习成长的历程，这个过程需要不断地与外界互动，获取有关生活、学习和社会的有用情报。对于儿童来说，这种信息获取有时很正式，如正式的咨询和解答；也有非正式的，如聊天、闲谈等，甚至在争吵时也可以获得有用信息。在社会生活中，有关外在环境变化的大量信息都是通过非正式的人际交流获得的。

2. 建立与他人的社会协作关系

人是社会性动物，个人离开了他人、离开了与他人的交往协作，同样不能生存。这种社会协作是广泛的，既包括一般意义上的角色分担，也包括各种活动中的行动协调。人类通过传播来协作，去完成单个人无法完成的工作，个人想要达到与他人的合作就必须进行积极说明、解释、协商等各式各样的传播。正如前文埃里克森的人格发展理论和皮亚杰的发生认识论所讲的那样，儿童人格的形成和认知心理的成熟都需要与外界的他人建立关系，并维护和运作关系。

3. 满足社会性精神和心理需求

1943 年美国心理学家亚伯拉罕·马斯洛在《人类激励理论》一文中提出了人类的需求层次理论。该理论指出，人类有五种基本需求：生理需求（Physiological needs）、安全需求（Safety needs）、爱和归属感（Love and belonging）、尊重（Esteem）和自我实现（Self-actualization）。马斯洛认为，人人都有需求，这种需求会形成强大的内驱力，驱动人们的行为。这五种需要像阶梯一样从低到高。低层次的需要相对满足了，就会向高层次发展，追求更高层次的需要就成为驱使行为的动力。根据需求层次论可以看出，当人们满足最基本的生理和安全需要后，无论是爱和归属需要、尊重需要、自我实现需要都是精神层次的需求。这种精神层次的需求不像前两者那样需要明确的物质来满足，例如，没有食物就要挨饿，没有房子就居无定所，精神需求的满足需要借助社会关系通过与人交往传播来满足。不难发现，人际传播在这个需求阶梯的较高层次扮演着重要的角色，获得爱情、亲情、友情等，或者获得自尊和他人的尊重，以及要发挥自己的潜能去自我实现，都是离不开人际传播的。

不仅马斯洛的理论支持了这一观点，美国社会学家霍曼斯在1958年借助经济学概念提出的人际传播的社会交换理论也能证明儿童信息传播的动机之一是满足精神和心理需求。该理论认为，人们进行人际传播是为了满足自我利益，是为了通过人际传播进行社会交换。人际传播能否发生以及发生的频率和范围，取决于传播双方或多方能获得的报酬和付出代价的大小。获得的报酬也就是个人看中的结果，既包括物质的，也包括非物质的赞美、荣誉、获得的帮助、满足情感和避免难堪等。按照社会交换理论，处于人际关系中的两个人会不断权衡得失，并试图维持双方关系的均衡。人们总是倾向于从事预期会出现报酬的人际行为。如果人际交往中投资回报与期待相符合，人们会认为互动愉快而舒服，就会持续互动；如果不能，就会改变或者终止互动行为。社会交换理论揭示了人际传播中追求回报或报酬的显在的或没有意识到的动机，正是这种动机推动了人与人之间建立关系。儿童的人际传播也不例外，获得精神和心理的满足有强大的内驱力，驱动儿童进行传播，与别人建立关系，获得赖以生存的爱、亲情、自尊、荣誉等等。

4. 实现自我认知和相互认知

儿童社交行为的一个重要目的就是确认自己是谁，以及自己在群体中的位置。认识自己，自古就被哲学家们公认为哲学探究的最高目标，法国的思想家蒙田说："世界上最重要的事情就是认知自我"，"在各种不同哲学流派之间的一切争论中，这个目标始终未被改变和动摇过：它已经被证明是阿基米德点，是一切思潮的牢固而不可动摇的中心。即使最极端的怀疑论思想家也从不否认认知自我的可能性和必要性"。人贵有自知之明，唯有如此，个体才能了解自己的身心状况，发掘自己的潜力，协调与他人的交往，并寻求在社会中的位置。心理学家研究表明，刚刚出生的婴儿是没有自我意识的，也不会认识自己，他们没有办法把自己和客观世界区别开来，直到一岁左右，婴儿们才开始将自己和他人区别开来，两岁的孩子就有了自我的概念。

所谓自我包括：关于自己的记忆；关于自己的特质、动机、价值、能力的信念；自己最想成为的理想的我；自己要扮演的可能的我；自己对自己积极或消极评价；自己对别人如何看待自己的认识。对于儿童，最初这种自我的概念仅仅是对自己生理特征的认知，随着年龄的增长，社会阅历的增加，自我概念就逐渐从关于生理特征的认知转向为关心他人如何评价自己，青春期时达到自我意识认知的高潮。以人为鉴，可以知得失，自我意识是通过与他人的交流反观自我才能获得的，也就是说，人通过他人之眼认识自己。芝加哥学派库利所提出的"镜中我"理论也指出了这个道理。库利认为，人们彼此都是一面镜子映照着对方，以此来实现自我认知。这种以镜中我为核心的自我认知状况取决于儿童与他人传播的程度，传播活动越活跃，越是多方面的，儿童的"镜中我"就越清晰，对自我的把握也就越客观，越准确。

（二）儿童信息传播的影响因素

儿童的信息传播行为受到内因和外因的双重影响。

儿童的信息传播行为受到内因的影响很大。内因主要指心理和生理的发展阶段和程度。18岁以上的成年人已经完成社会化，在生理上也已经成熟，其信息传播行为、媒介接触行为在一定时间内、一定程度上处于稳定状态。相反，儿童从出生到18岁短短的18年，在生理和心理上要经历多个截然不同的阶段，每个阶段的生理发育状态和心理成熟状态有着本质的区别，这些特质深深影响了儿童的互动行为。例如，从心智成熟的角度来看，处于感觉运算阶段的儿童主要依靠肢体运动来完成互动，处于前运算阶段的儿童开始运用语言，而且其互动传播行为有典型的"自我中心主义"，处于具体运算阶段的儿童有更高的思维能力，处于形式运算阶段的儿童其思维能力、媒介使用与成年人比较接近。

外因指儿童自身之外的所有社交关系和客观环境。青少年即介于青春期和成年人之间的过渡期，大约是12岁到18岁的儿童，受到外因影响比较大。首先，家庭背景会影响青少年的媒介接触行为。家庭处境不顺或者与同学关系不融洽的青少年倾向于喜欢看打斗暴力场面多、富于刺激性的节目，主要从冒险情节或场面的紧张感中得到"满足"；而那些伙伴关系融洽、享受家庭温暖的青少年则更喜欢看一些轻松、快活、有趣的节目，在观看的同时往往还联想把节目内容应用到与伙伴们的游戏之中。其次，青少年的媒介接触行为受同辈群体的影响较大。在对待媒介产品中的人物或事件的态度上，青少年往往会屈服于群体压力与同伴保持一致。最后，青少年的媒介接触行为受偶像的影响较大，容易受到媒介精英的心理控制。

三、儿童作为信息接受主体

受众指的是信息传播的接收者，包括报刊和书籍的读者、广播的听众、电影电视的观众、网民等。它既是信息的"目的地"，又是传播过程的"反馈源"。早期传播学研究中，常常把受众当作被动接受信息的一群人，随着传播学研究的深入和研究视角的受众转向，受众更多被当作积极主动的"觅信者"，因此本书将其称为接受主体。所谓接受主体，指的是受众在信息传播活动中虽然处于接受者的地位，但是"接受行为"本身是主体性的一种表现。

（一）儿童受众的"四重身份属性"

儿童作为接受主体时有四重身份属性，每一重属性都是儿童作为接受主体的一个侧面像，全面认识这四重身份属性才能正确认识儿童信息传播。

第一重，作为社会群体成员而存在。儿童受众并不是孤立存在的，而是分属不同的社会群体，有着不同的社会背景。儿童受众对大众传媒、网络新媒体的接触虽然是个人活动，但是这种活动会受到群体归属关系、群体利益以及群体规范的制约。群体属性不同，会造成千差万别的不同反应。俗语说，"物以类聚，人以群分"，把儿童受众看作社会群体成员，是依照这样的逻辑，因年龄、性别、种族、认知程度、家庭、居住地区的不同，形成了不同的社会集合体。那些特征、地位相类似的集合体便具有相似的人格，持有比较一致的社会观、价值观和看法。因此，他们大体上会选择相同的传播工具，接触相同的传播内容，对于媒介的信息也会产生相似的反应。很多研究证明，儿童受众的群体背景是决定他们的态度和行动的重要因素，这种影响有时候甚至超过大众传播的影响。

第二重，作为"市场"而存在。儿童受众是当代信息产品的消费者和大众传媒的重要市场。这种观点在大众传播刚刚普及的时候就出现了，到了今天仍然主导着信息产业的运营。比如，麦奎尔从市场的角度考虑，认为受众可以定义为：特定的媒体或讯息所指向的、具有特定的社会经济侧面像的、潜在的消费者的集合体。媒介经营组织为了盈利必须把自己的信息产品或服务以商品交换的形式销售出去，为此就需要使信息产品或服务能够满足儿童消费者的各种需求。根据《2020 全国未成年人互联网使用情况研究报告》显示，互联网是儿童重要的休闲娱乐渠道。从网上娱乐活动的类别来看，短视频产品受欢迎程度持续上升，音乐产品和游戏产品也是儿童网民的主要娱乐活动。

第三重，作为"商品"的存在。受众商品论是传播政治经济学泰斗达拉斯·斯密塞（Dallas Smythe）最早提出的。1977年他发表了一篇论文指出媒介组织的运作过程就是媒介集团生产出受众，然后再将他们移交给广告商的过程。媒体的广告时间段或版面价值是传播产生的一个间接的效果，它们不是媒体生产出来的真正商品。媒介的内容生产首先是用来创作它的受众，他们通过把受众卖给广告商来换取利润，所以受众才是传媒生产出的最本质的商品。这就是著名的"二次售卖"理论，对于儿童受众来说同样适用。传媒组织先将媒介产品卖给儿童读者、儿童听众、儿童观众、儿童玩家，再将儿童的注意力卖给广告商，第一次售卖了信息产品，第二次售卖了注意力。

第四重，作为权利主体的存在。随着受众在传播中地位的提高，人们逐渐认识并承认，受众是传播活动的重要主体，在传播活动中有一定的权利。儿童受众同样享有各种各样的正当权利。儿童拥有传播权或言论自由的权利，也就是说，儿童有权利将自己的经验、体会、思想、观点和认识通过言论、创作等形式表现出来，并有权通过一切合法手段和渠道进行传播。儿童拥有知晓权，所谓知晓权，广义上指的是社会成员获得有关自身所处环境及其变化的信息、保障社会生活所需的各种有用信息的权利，从这个意义上来说，它是人的生存权的基本内容之一。从狭义上来说，知晓权指的是公民对国家的立法、司法和行政等公共权力机构的活动所拥有的知情或知察的权利，这是公民的一项基本政治权利，也意味着公共权力机构对公民负有信息公开的责任和义务。儿童拥有传媒接近权。媒介接近权的核心内容是要求传媒必须向受众开放，也就是说儿童有权利利用传播媒介阐述主张、发表言论以及开展各种社会和文化活动的权利，也意味着传媒有向受众开放的义务和责任。

值得一提的是，随着儿童成为互联网信息中的主要群体，社会开始呼吁针对儿童的"信息被遗忘权"。抖音官方发布的年度数据报告显示，2021年抖音有2.53亿次视频和儿童成长有关，1517万次是记录出生的喜悦，相比之下，记录毕业的有1819万次，记录结婚的有3347万次，记录退休的有715万次。儿童在其成年之前正在被过度曝光。为保护儿童信息不被过度记载或利用，2013年美国加州的《橡皮擦法案》规定，网络社交网站应按照未成年人的要求，对其上网痕迹进行擦除，确立了儿童信息的删除权。2014

年欧盟法院在冈萨雷斯案件中确立了信息的被遗忘权，明确搜索引擎公司有义务删除过时的、不相关的网络个人信息。2016 年欧盟《通用数据保护条例》（简称 GDPR）第十七条对儿童信息被遗忘权做出了较为完善的规定，由此确立了儿童信息被遗忘权的基本内容，即信息数据主体可以主张删除个人公布的信息或者要求搜索引擎平台不推送与其相关的信息。儿童信息被遗忘权被欧盟法确立以后，其他国家也有所借鉴。可以说儿童信息被遗忘权正逐渐被认可成为儿童新兴的基本权利内容之一。联合国儿童基金会 2017 年世界儿童状况的调研报告主题为"数字时代的儿童"（Children in a Digital World），涉及信息网络时代儿童信息安全、儿童信息权益保障等内容，2021 年又发布了一份宣言，呼吁各国政府对儿童信息权利保护形成国际共识，其中部分内容也与儿童信息被遗忘权相关。国内也有不少学者认为，处于懵懂状态的儿童有权有一个"不被记录的童年"。南京信息工程大学大数据法治研究院的姜金良认为，为防止对儿童正常行为的记录演化为成长中的羞耻，对儿童不良行为的记录成为"恶童"标签，有必要建立儿童信息被遗忘权，以消除"信息童年"梦魇。这种权利在种类上属于请求权，具体包括儿童信息删除权和儿童信息免于推送权，其本质是信息控制权益，可由儿童的监护人代为行使，在儿童成长为适龄未成年人或者成年后则应由其本人自主行使。儿童信息被遗忘权并不是要让儿童信息从网络环境中消失，而是希望通过对儿童信息的社会记忆管理，避免网络信息的持久性、固着性、广泛关联性等可能对儿童发展造成的误导与伤害，还儿童以快乐、自由的成长空间。

（二）儿童受众的认知过程

儿童受众的信息接受过程是一个主动认知的过程，主要包括选择性注意、对信息表征、对信息进行加工、行为输出。

1. 选择性注意

铺天盖地的外界信息并不会全部被儿童注意到，甚至只有极少部分被注意到。注意是心理活动对一定对象的指向和集中，是伴随着感觉、知觉、记忆、思维、想象等心理过程的一种心理现象。指向性表现为心理活动不是同时朝向一切对象，而是有选择、有方向地指向特定的客体。集中性则是指心理活动能在特定的选择和方向上保持并深入下去同时能够排除一切不相干的因素。两者相互联系，密不可分。正是两者作用下，人们才能在感觉、知觉、记忆、思维等活动中有效地选择少数对象，对其做出深刻、清晰、完整的反应。

外界信息能否被儿童注意到主要受到两方面因素的影响。其一是外界信息的奇特性和刺激强度。信息的奇特性是引起注意的最重要的原因。所谓奇特性是指信息符号异乎寻常的特性。奇特性又分成绝对奇特性和相对奇特性。绝对奇特性是指儿童从未体验过的事物及其特征。相对奇特性是指信息符合特性的异常变化或各种特性的异常结合。关于刺激强度，心理物理学的研究发现，刺激物要引起人们的反应必须达到一定的强度。例如，一声巨响、一道强光、一种浓烈的气味，都会不由自主地引起人们的注意。不仅刺激物的绝对强度能引起人的注意，刺激物的相对强度在引起注意上也有重要的意义。例如，夜晚房间内钟表的滴答声能引起人们的注意，然而在白天周围环境噪声的掩盖下，这些微弱的声音就不为人们所注意。媒介信息的刺激强度在传播上主要体现为：媒体和版面的大小、色彩的明暗程度以及音响等方面。其二是儿童的主观状态，例如，凡是能够满足儿童需要，符合儿童兴趣的信息，往往更容易被注意到，再如，儿童的生理状态也会影响其信息的选择性接受，在疲劳时容易产生心理机能和生理机能的失调，出现视线模糊、产生幻觉、注意力难以集中、反应迟钝、动作呆板等现象。

因此，各种信息负载于文字、声音、图像等媒介符号充斥在生活中，儿童根据自己的需要和媒介刺激的特性选择少量的信息进入自己的感知系统，这些被注意的信息以过滤衰减的方式进入儿童的信息处理系统。

2. 对信息的表征

心理学上表征是指将外在现实世界转化为心理事件的历程，是将对象事物的某些特征及其相互关系以另一种对应的形式予以表现。儿童认知过程需要对注意到的信息进行表征。外界信息是物理符号，只有被转化为儿童认知中相应的心理符号时才能做进一步的加工处理。

3. 记忆对信息进行加工

媒介信息经儿童表征后便进入加工阶段。儿童需要从自己的记忆存储结构中搜寻有关经验内容，并将之提取到工作记忆（又叫短时记忆、操作记忆）里，使其直接参与当前的认知活动。如若在记忆库没有找到相关信息，那么信息加工就会受到阻碍。在信息加工过程中，人脑是"中枢加工器"，对于其他心理活动起到统领、控制、调节的作用，注意的选择、对信息的表征和记忆活动等都要在思维的控制下进行。

4. 行为输出

不管信息加工顺利还是受到阻碍，儿童都会做出某种反馈行为，或是接受媒介信息的引导并付诸行动，抑或不接受。

基于上述认知过程，儿童信息接受者通常是有选择地理解、解释和记忆讯息，这种能动性和主动性体现在多种媒介形式上。例如，人们通常对阅读行为的主动性给予充分的肯定，却认为儿童在看电视时是一种被动的状态，例如，以耶鲁大学心理学教授辛格博士为代表的反应性理论认为"观看电视是一种消极被动的活动，观众的意图、计划、策略以及选择性在观看电视时不起作用"，很显然，这种观点已经落伍，观看电视是一种主动的认知活动，是儿童观众、节目以及观看情境之间的主动的认知转换过程。

第二节　其他个人和组织作为传播活动的主体

儿童时期是一个人社会化的关键时期。所谓社会化指的是一个人出生之后由"自然人"成长为"社会人"的过程。从个人的角度而言，它指的是个人学习语言、知识、技能、行为准则等以适应社会环境的过程。从社会的角度而言，社会化指的是社会成员形成大体一致的观念、价值和社会规范体系，从而使社会秩序的维系、社会发展的连续性得到保证。在儿童社会化过程中，人际传播特别是初级群体中的人际传播起着重要的作用。库利的"镜中我"理论、米德的"主我与客我"理论，以及法国社会心理学家 G. 塔尔德的"社会模仿"理论等等，都揭示了人际传播在个人社会化过程中的重要作用。从宏观环境来看，大众传媒是现代人无处不在、无时不有、无法逃避其影响的"社会空气"。教养理论的创始者乔治·格伯纳提出，现代人的一生，从摇篮到坟墓都在接受媒介的教化，其影响是深入骨髓的，可以说大众传媒是儿童社会化唯一没有间断过的社会化主体。

一、初级群体与儿童传播

荀子说：人之生也，不能无群。正所谓物以类聚，人以群分。社会化的人总是属于群体的。所谓群体指的是具有特定的共同目标和共同归属感、存在着互动关系的复数个人的集合体，不仅包括范围比较窄的家庭、朋友、工作伙伴、邻居、同学等，也有可能是范围更广的社会性群体，既包括联系松散、自发形成的社会群体，也包括制度化严密分工的职能群体。正如社会学家库利所说，人首先是属于自己的初级群体的，在各种群体中，初级群体与儿童社会化关系最为密切。

初级群体也称为首属群体、基本群体，就是以亲密的、面对面的结合和合作为特征的群体。库利认为的初级群体一般是指家庭、邻里、儿童的游戏群体等，这些群体对个人的理想和个性的形成起着最基础的作用，这些初级群体规模小、成员密切相关，成员之间的关系具有高度个人化，成员互动在时间上具有相对持久性和稳定性；成员有强烈的群体认同感，群体对其成员发展有着深刻的影响。

初级群体对儿童的影响主要通过群体意识达成。所谓群体意识就是参加群体的成员所共有的意识，具体包括群体目标、群体规范、群体感情、群体归属意识。对于群体来说，群体意识具有一定的积极意义，它像胶水一样把群体成员聚合在一起，让成员把关注点放在维系群体团结上，相互依赖，遵守群体规范，并从群体中得到安全、友谊、威信、自我价值的肯定等。群体意识是在群体信息传播和互动过程中形成的，而群体意识一旦形成又反过来成为群体活动的框架，对个人成员的态度和行为产生制约，以保障群体的共同性。群体规范是群体意识的核心内容。规范在人类行为的每一个地方都发挥着作用，如日常生活中的发型、裙子的长短、流行音乐的口味、握手的方式等。有的规范是一个社会共有的，有的规范是某些群体所特有的。群体规范能够协调群体中儿童成员的活动，规范儿童成员的角色和职责，促进群体目标的达成。

除此之外，初级群体对儿童"自我概念"的形成有重要的影响。象征性互动理论认为人的自我概念不是与生俱来的，而是通过互动逐渐学习而来的，只有通过与他人的接触，我们才能获得自我的认识。米德认为"自我"可以分解成相互联系、相互作用的两个方面，即"主我"（I）和"宾我"（Me）。主我代表着本能的、自然的、自主的一面，是个体围绕对象事物从事的行为和反应具体体现出来；而客我是人们观察到社会对他的评价、角色期待之后而进行的自我反思。"主我"和"客我"的对话和互动形成统一的社会自我。客我促使主我发生新的变化，主我反过来也可以改变客我，这个对话和互动的过程揭示的就是一个长期的社会化过程。米德的学生布鲁默在老师的理论基础上又进了一步，他在1969年出版的《象征互动论》一书中提出了"自我互动"理论，认为人是拥有自我的社会存在，人认识的对象中不但包括外界和他人，也包括自身。在这个过程中，人能够对自己进行审视和认识并拥有自己的观念，也可以与自己进行沟通或传播并对自己采取行为。布鲁默指出，从本质上来说，"自我互动"是个人与他人间社会互动行为的内在化，也就是与他人的社会联系或社会关系在自己头脑中的反映。不过，这种反映并不是与他人的社会互动在头脑中的简单再现，而是具有独自的特点。即个人会在自己的立场上以自己的方式对他人期待的意义进行能动的理解、选择、修改、加工，并在此基础上予以重组。通俗来说，个体在互动中虽然知道别人对自己的期待是什么样，但并不会原封不动地接受这些期待，他会站在自己的立场上对这些外在期待进行加工，然后形成新的自我。儿童的社会化就是通过儿童不断与周围人，尤其是初级群体中的人进行互动交往，来认识自己，发展自己，最终形成比较固定的自我同一性。

总之，与初级群体的互动交往对儿童成长的重要性毋庸置疑，但是随着互联网技术的发展，各种媒介产品侵入儿童生活的方方面面，占据了儿童大量的时间和精力，让原本属于温馨亲子、快乐户外运动的时间被一点点压缩再压缩。2020 年我国未成年网民规模达到 1.83 亿，未成年人的互联网普及率达到 94.9%。而且，普及率在城乡儿童之间没有明显差距，2020 年我国城镇未成年人互联网普及率为 95.0%，农村未成年人互联网普及率为 94.7%。城乡未成年人互联网普及率差异连续两年下降，由 2018 年的 5.4 个百分点下降至 2019 年的 3.6 个百分点，并在 2020 年进一步下降至 0.3 个百分点。82.9% 的未成年网民拥有属于自己的上网设备。未成年人接触互联网的低龄化趋势更加明显，小学生群体中有 33.7% 在学龄前已经接触使用互联网，较 2019 年提升了 0.8 个百分点。关于上网时长更值得深思，部分未成年网民可能存在过度使用互联网的情况，2.6% 的未成年人平均日均上网时长超过 5 小时，节假日数据更惊人，比例上升到 12.2%。工作日每天上网时长超过 2 小时的占比 11.5%，节假日有 38%。8.7% 的家长从来不限制孩子的网络使用，46.5% 的家长偶然会限制，只有 44.8% 的家长经常限制孩子的网络使用。

越来越多的家长和研究人员开始对儿童的网络使用担忧。家长的担忧主要集中在对身体的伤害，82.0% 的家长对于孩子因上网造成视力下降存在担心；担心孩子上网浏览不良信息的比例为 69.3%；担心孩子沉迷网络的比例为 66.4%；担心孩子因上网减少了线下活动的比例为 59.8%。

研究人员的担忧更深层次，更深远，集中在有缺陷的人格和认知层面。

研究人员发现许多有关大脑发育和人格形成的知识不断指向现实世界的经验和面对面的人际互动的重要性，尤其是在童年时期。例如，有观点认为，现在儿童缺乏同理心与网络使用相关，电子游戏和社交媒体是导致儿童越来越自恋，移情特质越来越低的原因。因为沉浸于网络侵蚀了面对面的时间，儿童由此失去了通过与人的表情和声音信号进行交互从而习得同理心的机会。再如，有观点认为，数字化的生活方式，包括频繁地多任务处理，或许正在损害儿童保持专注的能力，儿童的注意力持续时间在缩短，记忆广度也出现问题。很多儿童甚至家长并不相信或者没有意识到多任务处理会伤害到儿童的能力，相当一部分儿童在做作业的同时看电视、使用社交媒体、打游戏。但是，研究表明多任务处理会降低效率，因为用户在过渡到其他活动后，需要花时间进行重新定向，并且反复跳转会产生认知疲劳，导致学习效率下降，这可能是拖延症在年轻人身上越来越普遍的原因之一。《连线》杂志前主编克里斯·安德森曾说"数字鸿沟本来同获取技术有关，等现在每个人都有了入口，新的数字鸿沟反倒体现在对技术获取的限制上。"回归面对面的人际互动已然成为一种奢侈，数字化工具和手段正在对儿童进行历史上最大的一场社交实验。

二、媒介组织与儿童传播

在儿童信息传播的范畴内，各种媒介组织也是重要的传播主体。甚至从信息流量来看，媒介组织所主导的传播要远远大于其他形式。按照媒介内容对儿童的针对性来看，儿童信息传播的媒介组织可以简单地分成两类：一类是媒介内容是针对全社会全年龄段开放的一般性媒介组织，也就是建构我们日常所处的媒介环境的大众传媒组织和互联网媒介组织；另一类是专门生产针对儿童的媒介产品的组织，这类媒介产品以儿童娱乐节目和线上教育课程为主。

（一）一般性媒介组织

大众传媒组织和网络媒介组织的内容是面向一般社会大众的，儿童和成年人都可以无障碍接触到相关媒介内容，包括电视台、报社、广播台、杂志社等传统媒体组织，以及微信、微博、抖音、快手、哔哩哔哩、豆瓣、淘宝、京东等网络公司。

传统大众媒体是专业化的媒介组织，运用先进的传播技术和产业化手段，以一般大众为对象而进行的大规模的信息生产和传播活动。对于大众传媒组织来说，技术是关键，没有技术大众传播就无法实现。一个人的传播能力再强，他的声音的传播范围也是有限的，借助传播技术，包括现在的电子传播技术，也包括早期的印刷传播技术，这些信息才能够被更多的人看到听到，超越了一般个体及人体感官的传播范围。大众传播也需要职业的传播者，他们经过了专业化训练，并结成专业化的传播组织，有着自身的目标和利益，并形成了在传播活动中的职业道德。这种专业的传播组织往往是影响社会发展进程的重要力量。大众传播并不像人际传播或群体传播行为那样具有突发性或偶然性，大众传播过程是持续不断的、大量生产、复制和传播信息的。大众传播的对象是社会上的一般大众，任何人无论性别、年龄、社会地位、职业、文化层次如何，只要接触到大众传播的信息就是传播受众的一员。受众的广泛性意味着大众传播是以满足社会上大多数人的信息需求为目的而进行的大面积的传播活动，也意味着它具有跨越阶层、群体的广泛社会影响。大众传播的信息既具有商品属性，又具有文化属性，大众传播生产出大量的信息产品，这些信息产品在市场上进行交换，人们需要付出一定的费用（注意力、货币）才能获得，所以大众传播的信息本身就是一种商品。信息产品和其他的物资产品不同，人们消费信息产品主要是意义的消费，具有鲜明的文化属性，与社会观念、价值和行为规范有直接关系，并且传播的单向属性赋予了它巨大的影响力，无论哪个国家都会把大众传播纳入社会制度的轨道中。

新兴的网络媒体组织与传统的媒体组织不同，其产品形式和内容更加多样化，儿童常常接触的网络平台包括以社交为主的微信、微博；以短视频为主的抖音、快手、bilibili；以社区小组为主豆瓣；以购物为主的淘宝、京东等网络平台，这些平台的运作机制各不相同，但都借助互联网技术，相对传统大众媒体拥有超强的互动性，人人都成了传播者。

传播就像血液流过人的心血管系统一样流过社会系统，人们已经习惯生活在传播的汪洋大海之中，以至很难想象，如果没有传播将会怎样生活。媒介传播对生活在社会上的每个人，包括儿童在内，都有重要的作用和意义。

媒介传播能够监视外在环境。传播是一双无处不在的眼睛，时刻注视着世界上的最新变动，并将这些变动信息向受众和社会进行传达，可以说是为一个特定社会的发展"站岗放哨"。普利策曾经有一个很形象的比喻：如果国家是一艘大船，新闻媒体就像瞭望哨，为大海航行发现"浅滩暗礁"。媒介传播在特定社会的内部和外部收集并传达信息。这里包括两个方面：一是警戒外来的威胁；二是社会的常规性活动的政治、经济、生活的信息。

媒介传播通过解释和规定协调社会。大众传播并不是简单、单纯地"告知"，它所传达的信息中通常伴随着对事件的解释，并提示人们应该采取什么相应的行为反应。这里的解释与规定，目的在于向一定方向引导和协调社会成员的行为。社会由不同部分组成，传播在社会内部调节各种关系，凝聚着各类人群，控制着各种社会行为，实现社会各组成部分的联络、协调和统一。

媒介传播传承文明，具有教育功能。社会之所以能够一直发展就是因为人们可以把前人的经验、智慧、知识加以记录、积累、保存和运用，所以说传播是保证社会遗产代代相传的重要机制。现代人的社会化过程既是在家庭、学校等群体中进行的，也是在特定的大众传播环境中进行的。也有的学者将这一功能表述为大众传播的教育功能。

媒介传播提供娱乐，按摩情绪。媒介传播相当一部分是为了满足人们的精神生活需要，如文学的、艺术的、消遣性、游戏性的内容。在大多数情况下，这种娱乐功能甚至比教育功能显著得多。当人们上网或看电视的时候能够得到多少对于现实的真实理解和对于文化的可靠传承呢？很少。更多的时候，人们是用它来消磨时间，获得一种放松、快乐或者逃避的感觉。传播学经典著作《娱乐至死》说，大众传播所提供的娱乐功能让很多人几乎每时每刻都黏在各种各样的屏幕上，"娱乐是电视上所有话语的超意识形态"，如果电视不娱乐化了，它就不是电视了，电视的本质就是娱乐化。虽然波兹曼对电视的娱乐性提出了批判，但娱乐是有正面意义的，现代人需要大众媒体提供娱乐节目来帮助人们释放不良情绪，按摩情绪。

媒介传播能赋予社会地位。在当今的互联网时代，大众传播的这种作用更加明显。任何一种议题、意见、商品、团体、人物及其社会活动，只要得到传媒的广泛报道和关注，立刻就能成为社会瞩目的焦点，获得很高的知名度和社会地位。这种地位赋予功能会给传媒所支持的事物带来一种正统化的效果。

媒介传媒可以强制社会规范。传媒通过将偏离社会规范和公共道德的行为公诸于世，能够唤起普遍的社会谴责，将违反者置于强大的社会压力下，从而起到强制遵守社会规范的作用。这在当下人人都能发言的新媒体平台上不足为奇。

（二）针对性媒介组织

儿童作为独特的社会群体，媒介组织一直在节目内容和节目形式上给予一定的关注，如专设少儿频道，推出针对儿童的电视、广播节目。1958年北京电视台建立（中央电视台前身）标志着中国电视事业的诞生，那时起就有了少儿电视节目。第一个少儿电视节目是《两只笨狗熊》，2003年中央电视台少儿频道开播，成为中国少儿电视发展的里程碑事件，之后国务院发布《关于进一步加强和改进未成年人思想道德建设的若干意见》，广电总局发布《广播影视加强和改进未成年人思想道德建设的实施方案》并向广电系统发出通知，要求2006年底前所有省和副省级城市电视台全部开放少儿频道，至此各省市的少儿频道逐步开办。

少儿频道的运营有三种方式：频道制作、部门制作和企业制作。所谓频道制即管理的主体是频道自身，建立独立的运营机制，承担筹集资金、节目采制、广告和节目经营等任务。频道制作运营主体细化，并实现了部门的清晰定位和权责区分，有效地调动了各部门的积极性。部门制指的是少儿频道是独立运营的主体，但其节目的制作、广告的经营、机构的管理、技术服务、节目购销等方面则由全台各部门协作完成。这样的模式有利于实现台内各部门资源的共享，增强协作水平，降低频道的运营成本，实现经济效益和社会效益的最大化。伴随着制播分离、电视台运营改革出现了企业制少儿电视运营模式。少儿电视成立了自己的独立注册公司，如北京卡酷动画频道等，以企业化管理为参照，突破了人才的瓶颈，广告经营业务也实现了最大的自主权，其适应市场经济的能力很强。

目前少儿频道的运营也面临着诸多问题。例如，其一，面临巨大的资金压力，少儿频道正常运行需要相当规模的资金，不仅包括节目自身的启动资金和运营资金，而且在节目创新和人才培养上也需要大量的资金源源不断地供给。其二，缺乏有效规范，少儿频道的特殊价值在于专门为广大少年儿童受众提供适合其心理、年龄特征，有益于引导其健康成长的电视节目，少儿频道能否满足少年儿童的电视消费需求关系到国家和民族的未来。然而，有的电视台关闭了开办多年的"赔本"少儿栏目，有的电视台虽然勉强开办了少儿频道，但为了降低开办以及运营成本却尽可能压缩节目制作成本和购买投入，导致所播放的节目数量少且质量低下。更有甚者，为了迎合广告商而博取创收，在少儿频道播放了不宜少儿观看的电视剧、广告等，完全不顾少年儿童的身心健康，商业主义代替了公共利益。其三，少儿节目资源匮乏，频道内容不能满足儿童的需要，大多数少儿频道都以播放动画片为主，辅以部分电视剧和少量的自办节目，创新性节目少，"同质化"严重。其四，公益性定位难以商业性经营。

最近几年，随着媒介技术的发展以及儿童教育理念的进步，社会上兴起了一种专门针对儿童群体，功能性比较强的线上教育课程，这种课程一般由专业的教育机构开发，借助网络媒介平台投放。有关报告显示，这种专门针对儿童的线上教育行业发展的势头良好。具体的产品内容和特征将在下一章节展开，在此不再赘述。

第三章 儿童信息传播客体

主体和客体是认识论的一对重要范畴，主体指社会实践中认识世界、改造世界的人，客体是实践和认识活动指向的对象，是主体之外的客观事物。第二章在论及儿童信息传播的主体时，基于分类的视角分别讨论了儿童作为传播主体，儿童作为接受主体，其他个人和组织作为传播主体。顺着这一思路，从认知和社会化层面，本章的儿童信息传播客体主要谈论的是儿童信息传播的内容和儿童所处的信息环境。

第一节 儿童信息传播的内容类型

因为儿童生理和心理的特殊性，儿童信息传播与一般普通的传播内容有本质的区别。本节将会从儿童信息传播的内容类型方面展开论述，兼论儿童所处的信息环境。

基于传播内容的特征不同和说服性强弱的差别，将儿童信息传播的内容分为三种类型：儿童语言、知识内容、媒介内容。本书所言儿童语言是指儿童在日常生活中与外在世界互动所使用的语言，其与成人语言或者媒介内容不同，说服的目的不强，说服的效果较弱。知识内容往往带有明确的功能性、为了让儿童掌握知识或者掌握某些专业技能而开发的课程性质的内容。这种知识内容一般需要儿童作为学生身份去认真学习，是儿童建构认知和累积知识的重要途径。媒介内容主要指儿童基于主动性，在大众媒体、社交媒体、网络平台上主动观看、阅读参与、传播的信息。

一、儿童语言

在《儿童的语言和思维》书中，皮亚杰为了探讨儿童的语言和思维与成人的区别，以及儿童语言和思维的特点及两者间的关系，运用他独创的"临床法"进行观察和研究，发现儿童的语言和思维与成人的有着质的区别，而不是像以前人们所认为的仅仅是在知识和见识方面存在"量"的差别。他认为，把儿童看成是"小大人"的观点是错误的。他记录了两个 6 岁儿童在一个月内的自发语言，发现儿童的谈话可以分为两大类，即自我中心的和社会化的。自我中心的语言可分为重复、独白、双人或集体独白三种；社会化言语可分为适应性告知、批评、命令和请求或威胁、提问、答复等五种。

重复，是儿童为了感到说话的愉快而重复某些字词与音节，他并不想要和任何人说话，甚至不懂重复的那些字词和音节有什么意义。儿童借助于这种行为去再现和模拟周围人的动作和观念，并这一行为中把自己和模拟对象完全等同起来，自我与非我是混淆的。

独白，儿童自己对自己说话，目的是思考，并不是对任何人说话。独白只是来源于儿童与别人发生交流时所习得的一种字词上的回响。一方面，他不知道自己是在模仿别人；另一方面，他是在对别人说话也是在对自己说话。他是为了发布命令而说话，也是为了从唠叨中感到愉快而说话。

双人或集体的独白。当儿童周围有别人在的时候会出现双人或者集体独白的状态，这之后周围人的出现仅仅起到一种刺激的作用，儿童会向某些特定的人讲话，但并不想理解其他人的意见，也不想把自己的话讲得再清楚一点。例如，有三个儿童在一起，第一个说"我爸爸上班去了"；第二个接着说"我早上吃了大大的包子"；第三个说"小狗很可爱"。三个人各说各话，处于一种无意识状态。这种形式的独白是儿童自我中心语言中最具有社会性的一种。因为他除了由于说话而感到愉快之外，还由于在别人面前独自说话而感到愉快，并且对于能使别人对自己的行动与思想发生兴趣而感到愉快。

皮亚杰认为，自我中心语言是一种非社会性语言，这种语言不考虑听者的需要，主要用来指导行动而非用来交流，有时候是为了感到说话的愉快而重复这些字词和音节。皮亚杰认为，儿童语言约有 38% 都是自我中心的，这是 2—7 岁儿童特有的以自我为中心的意识表现。苏联心理学家维果斯基等不完全赞同皮亚杰的看法，他们认为自我中心言语并非没有一点社会性。他的实验表明，当这类儿童与聋哑儿童或讲外语的儿童在一起时，或在完全陌生的环境里，或完全单独活动时，其自我中心语言就会下降。他还认为，这种语言有助于儿童的思维加工，实质上是由外部言语向内部言语转化中的一种过渡形式，是由言语的交际机能向言语的自我调节机能转化的一种过渡形式。基于皮亚杰和维果斯基的研究可以发现，儿童信息传播中这种自我中心语言与成人的语言有着本质的不同，其虽然有着微弱的社交性，但是从传播的效果来看并不是为了达成说服，是一种内向的语言。正如美国社会学家德弗勒所说，语言和思维是不可分割地联系在一起的，思维的规则和说话的规则相同，思维就是内向操作的语言。皮亚杰也认为，不仅儿童的语言是自我中心的，儿童思维也是自我中心。

用宏观历史的眼光来看，语言的发展伴随着人类对世界的认识深化，语言意味着对事物的命名，这种命名活动有革命性的意义。通过命名把世界上的万事万物归纳分类，让原来混沌的世界变得清晰，变得有条理，然后从中把握性质和规律，这就是认识世界。就如伽达默尔所说，语言本身就是一种世界观，人们有了语言，所以有了一个世界，同世界有了一种关系，对世界有了一种态度，而且语言也促进了人类的思维能力。通过命名把万事万物归纳分类，把握规律和性质，这就是思维。语言作为一种符号把不同的声音与周围事物或者环境联系起来，在认识世界的过程中逐渐提高其抽象能力，成为一套能够表达复杂含义的声音符号系统。儿童的社会化与人类创造语言、利用语言认识世界、改造世界如此相似。只不过，作为一个儿童需要通过模仿学习掌握语言而不是创造语言，掌握语言与指代事物之间的关系，并慢慢掌握其中的规律，在这个过程中思维与语言能力得到提高。

二、知识内容

知识内容的生产主体主要是学校和教培行业。

学校是我国青少年儿童享受义务教育的重要场所，其提供的知识内容是系统化、专业化、规律化的，由专业的教职人员授课，包含学前、小学、初中、高中等不同阶段，包括语文、数学、理化、文史等多个领域的基础知识，是我国儿童社会化最重要的方式。

自有人类历史以来就有教育，并且人类发展的每一步包括文化在内的所有创造物都凝结了教育的成果。从原始社会到农耕时代、工业时代，再到信息时代和智能时代，生产力的发展不断推动着人类创造新的世界，产生与社会发展和人类需求相适应的教育，带来学习内容、学习方式和学习环境的变迁。目前我国的中小学教育主要呈现信息化特征，智能时代教育特征初露端倪，中小学教育的信息化正在从量变向质变转变。工业时代教育的特征是：技能学习，强调直观、循序渐进和反复巩固；学习的主要内容集中在制造技能、科学知识和人文素养；学习的方式是标准化的听讲记忆、答题解惑、掌握学习；学习主要集中在特定的场所、确定的学习时间和学习周期。信息时代的教育特征是：以个人终身发展作为核心动力；学习内容主要是信息素养、自主发展和社会参与；学习的方式是混合学习、合作探究、联通学习，呈现差异化特征；通过网络和学校完成学习，时间比较弹性。智能时代的教育的动力系统是人类利益共同体；学习的内容是学习能力、设计创造、社会责任；学习的方式是泛在学习、协同建构、真实学习，呈现个性化特征；学习的环境表现为无边界、任意地点和任意时间。

自改革开放以来，我国中小学教育信息化先后经历了三个阶段：一是以信息技术教育为主要任务的前教育信息化阶段，该阶段重点关注计算机教学实验以及计算机辅助教学；二是以教学环境变革为主要任务的教育信息化1.0阶段，该阶段重点关注量变，强调应用驱动与融合发展；三是以教学系统变革为主要任务的教育信息化2.0阶段，该阶段重点关注质变，注重创新引领与生态变革。

中国中小学教育信息化经费主要来源于国家财政性教育经费，可按照拨付标准划分为生均公用经费和教育信息化专项经费。其中，生均公用经费每年比较固定，一般用于学校教育信息化设备的日常运行维护和数字教育资源与服务的采购，学校对该费用的分配及使用相对灵活；教育信息化专项经费按项目拨款，每年经费不固定，一般用于基础设施建设，单个项目投入量相对较大，具有明确的建设目标和时间限定。其中，中央级专项经费多投向偏远地区和部分基础教育薄弱校，地方级专项经费则多因地制宜，普遍遵循"先城市后农村，先中学后小学，先中心校后（乡村）教学点"的建设顺序。除此之外，对于民办中小学而言，其教育信息化经费依靠学校自筹，主要资金来源于办学收入和社会捐赠。

根据教育部教育信息化战略研究基地（华中）的调研，2019年我国中小学整体信息化经费投入占同期教育总经费（不含人员经费）比重为18.05％，其中小学占比最高，达到18.7％，其次为高中和初中。按照类型来看，作为基础设施的网络建设与设备购置费用占比超过40％，成为最大的信息化经费支出项目，这一定程度上与硬件设备整体造价较高有关。从学段来看，不同学段的投入方向存在一定的差异，一方面，学段更高在基础设施与数字资源上的投入占比更高；另一方面，学段越低在培训及运维服务上的投入占比越高。

2021年我国中小学教育信息化经费投入达 1634 亿，同比增长 9.1%，2020 年新冠疫情给我国财政带来了较大冲击，中小学教育经费增速放缓，教育信息化的经费拨付也受到了不小的负面影响。从投入来源来看，中小学教育信息化经费几乎全部来自财政拨款，其中公用经费是主要的组成部分，保守估计占比超 90%。未来，随着中小学教育信息化建设走向"应用驱动，融合创新"的内涵式发展阶段，关注建设质量，注重建设效率，强调集约式的采购模式，预计经费规模与财政经费增速将保持相同步调，实现稳定增长。

我国长期实行的城乡二元结构导致城乡教育资源分配不均衡，城乡之间存在着较大的教育鸿沟。随着我国互联网的迅速普及和信息化进程的加快，借助互联网的发展弥合城乡之间的数字鸿沟已成为促进基础教育均衡发展的重要举措。从"校校通"和"农远工程"到"农村薄弱学校改造"，缩小城乡间基础设施及硬件设备上的差距是首要目标，学校多媒体教学环境建设也时常被视为政策指标中的底线要求，截至 2019 年底，城乡间多媒体教室覆盖已实现基本均衡，但在多媒体教室联网率上仍然存在一定的城乡差异。值得注意的是，在基础设施设备的"物理鸿沟"尚未弥合之际，教师运用设施设备的"应用鸿沟"正在进一步加深，缩小城乡教师在基本意识、技能储备、使用方式上的差距成为下一阶段中小学信息化发展过程中的关键议题。

教培行业曾经发展得如火如荼，自 2021 年"双减"开始之后整个教培行业发生了翻天覆地的变化。2021 年 5 月 21 日，中央全面深化改革委员会第十九次会议审议通过《关于进一步减轻义务教育阶段学生作业负担和校外培训负担的意见》，明确对存在不符合资质、管理混乱、借机敛财、与学校勾连牟利等问题的机构要严肃查处。2021 年 7 月 24 日，为持续规范校外培训（包括线上培训和线下培训），有效减轻义务教育阶段学生过重作业负担和校外培训负担，中共中央办公厅、国务院办公厅印发《关于进一步减轻义务教育阶段学生作业负担和校外培训负担的意见》，提出线上培训机构不得提供和传播"拍照搜题"等惰化学生思维能力、影响学生独立思考、违背教育教学规律的不良学习方法，对全面规范校外培训机构进行了明确的规定，释放了营造良好教育生态的信号。2021 年 7 月 30 日，教育部办公厅发布《关于进一步明确义务教育阶段校外培训学科类和非学科类范围的通知》，明确义务教育阶段校外培训学科类和非学科类范围。2021 年 8 月，国务院教育督导委员会办公室印发专门通知，拟对各省"双减"工作落实进度每半月通报一次，各省自 2021 年 8 月 30 日起，每月 15 日和 30 日前报送"双减"工作落实进度，国务院教育督导委员会办公室在汇总分析后形成专项督导半月通报，通报重点是各地作业时间达标学校情况、课后服务时间达标学校情况、学科类培训机构压减情况、违规培训广告查处情况和群众举报问题线索核查情况等。《通知》强调，为加大工作督促力度，推动问题及时整改，国务院教育督导委员会办公室将建立"双减"曝光台，对该落实、能落实而不落实的工作，或经多次通报仍整改不到位的典型问题，直接在媒体上曝光，并依据《教育督导问责办法》启动相关问责程序。2024 年 1 月，教育部印发《关于做好 2024 年寒假期间校外培训治理有关工作的通知》，部署各地教育行政部门认真做好寒假期间校外培训治理工作，要求各地要加强监督执法，确保"双减"政策落地落实。根据教育部《通知》的精神，2024 年寒假各地除了要继续加强宣传和鼓励群众举报，采取"四不两直"方式，通过"日查＋夜查""联检＋抽检"等形式，对违规培训多发的商务楼宇、居民小区等重点场所进行排查，严防严查隐匿在酒店、咖啡厅、居民楼等场所，严厉打击"家政服务""众筹私教""游学研学""冬令营"等形式的隐形变异违规培训，还要加大对违法违规案例的曝光惩戒力度。另外，《通知》还要求各地引导家长使用"校外培训家长端"APP 进行购课、缴费，防止校外培训机构恶意涨价、"爆雷"等情况，以切实维护家长和学生的合法权益。

综合教育部《通知》的精神，这个寒假的"双减"目标就是进一步完善对校外培训的监管体系，一面严厉打击隐形变异违规培训，绝不手软；一面规范"白名单"校外培训机构的管理，特别是购课、缴费的管理，引导家长报名正规的校外培训机构。教育部的《通知》发布后，各地主管部门纷纷积极响应，表示将在 2024 年寒假期间，开展巡查暗访，严查隐匿的学科类培训，预防"地下"学科类培训卷土重来。相比 2023 年暑假的整治措施，2024 年寒假有了 2 个显著变化：一是各省教育厅以及各县市区会抽调社会监督员，对住宅小区、商业楼宇、小饭桌、公寓、酒店等场所进行暗访，排查隐形变异培训，同时监督各片区"双减"的落实工作；二是印发《告家长书》，提醒家长自觉抵制违规学科类培训，如有发现，欢迎投诉举报，同时使用"校外培训家长端"APP 进行购课、缴费，守好自己的"钱袋子"。可以看出，"双减"政策的实施让教育行业大洗牌，大浪淘沙下不少培训机构纷纷转向。概括说来，双减之后的教育培训向两个方向发展，其一是走向智能硬件，其二是 STEAM 教育。

所谓教育智能硬件是教与学过程中使用的各类功能与连接智能化的信息交互终端。"双减"政策影响下，学科内容培训受到严格限制，但学生和家长对优质教育的需求不变，由此引发了教育服务供给方的转变，体现在教育服务模式和教育内容两个方面。在教育服务模式上，"双减"政策以后，大班课、双师课程、1V1课程等学科内容培训难以为继，相比之下，教育智能硬件具有高效整合资源、提高学习效率的优势，其工具属性得到进一步凸显，可在一定程度上缓解家长和学生的教育焦虑。在教育内容上，"双减"政策影响下，素质教育的推广和发展得到进一步重视。素质教育涵盖德、智、体、美、劳等多个维度，有着综合性及灵活性较强的特点，通过教育智能硬件进行多感交互更有利于学生综合素养和动手能力的提升，教育智能硬件已成为各大教育企业转型破局的重要方向，传统教培机构、传统硬件厂商和互联网等科技公司纷纷入局，发展态势火热。

教育智能硬件中占据主导地位且历久弥新的品类当属"学生平板"和"儿童智能手表"，新兴品类在功能、形态、材质、价值内核等方面对传统品类进行创新。创新首先体现在传统品类的形态功能创新，在疫情、政策、技术发展的叠加影响下，学生平板在屏幕上做到更大，更适用于网课；在材质上采用类纸屏更加护眼；配件上搭配智慧眼以实现更好的交互体验；功能上借助 AI 技术以更接近因材施教的核心理念。创新还体现为全新的品类形态，如智能作业灯，从桌面场景切入，通过多摄像头实现作业批改和视频交互。智能硬件参与孩子居家学习的主要环节为课外学习、上网课、写作业、预习复习、朗读背诵等。据艾瑞咨询调查显示，在教育智能硬件用户中，近30％的用户认为未来在教育智能硬件方面的支出会保持在教育总支出的20—30％，持乐观积极态度。

STEAM 教育是科学（Science）、技术（Technology）、工程（Engineering）、艺术（Art）和数学（Mathematics）五个学科英文单词的首字母缩写，是整合了科学、技术、工程、艺术和数学多领域知识的综合教育方式，强调学科的融合性、多元性与包容性，希望打破学科领域的边界，同时培养儿童发现问题，并基于科学、技术、工程、数学多学科解决问题的能力。在现阶段的教育实践中习惯被细化为三种教育类型：科学素养类、机器人编程类和软件编程类。

20 世纪 80 年代，美国国家科学委员会提出 STEM 教育的建议并发展成为国家战略，其初衷是使更多的学生在高等教育阶段选择与 STEM 相关的学科，以保持美国在科技创新与国际竞争力上的领先地位。美国弗吉尼亚科技大学的教授 Yakman 认为，原有的 STEM 教育只关注项目本身（做什么和如何做），而忽略了对人本身和背景的关注（谁来做和为什么做），因此 STEM 在跨学科知识的广度和深度上仍存在着一定的局限性，并在教学过程中缺乏一定的趣味性、情境性和艺术性。因此，她将艺术（Arts）与 STEM 进行有机融合，并在 2006 年提出了 STEAM 教育理念。2014 年左右，STEAM 教育的理念引入我国，并掀起了 STEAM 教育热潮。美国已逐渐形成多方参与的 STEAM 教育生态系统，涵盖政府、学校、课后服务提供方、高等教育机构、企业及民间组织、STEAM 资源丰富的社会机构以及家庭等多个主体，该生态系统将各个学习场景联系起来，联邦政府与各州政府的专项拨款作为 STEAM 教育领域资金投入的重要来源之一，为 STEAM 教育发展提供了强有力的支持与保障。美国儿童的 STEAM 教育非常注重寓教于乐，与游戏高度结合、应用导向、兴趣驱动，如为了游戏闯关，或为了制作游戏而学习编程。

据艾瑞咨询统计核算，2021 年我国 STEAM 教育市场规模 422 亿元，其中机器人编程类 259 亿，软件编程类 147 亿，科学素养类 16 亿，因 2020 年疫情影响导致基数较低，2021 同比增速达 35.4%。艾瑞判断，STEAM 教育一定有更大的成长空间，原因如下：其一，"双减"后，一方面，STEAM 教育成为原学科培训机构转型的新方向，将增加 STEAM 教育的优质供给，推动行业的发展；另一方面，课后服务对 STEAM 教育需求更加旺盛，推动需求的增加。其二，21 世纪以来，我国一直在倡导素质教育，教学改革一直处于温和推进过程中。新课标整合了原来的知识与技能、过程与方法、情感态度价值观三维目标，将党的教育方针凝练为学科/课程核心素养。新课标、新课改对学科实践和综合学习的重视将推动 STEAM 教育尤其是科学素养类课程的发展。其三，《普通高中信息技术课程标准（2017版）》已将人工智能、大数据等反映时代变化的课程选入课程标准，深圳、江苏、山东等多地推动 STEAM 教育进入中小学常规课程，不过其在高利害考试中的地位较低。目前，浙江已将"技术"纳入高考选考科目，若 STEAM 教育进一步进入越来越多省市的升学评价体系，将推动 STEAM 教育的爆发发展。其四，时代需要，随着社会数字化、智能化程度的提升，信息技术越来越成为像计算机一样的效率工具，我们对具体的技术细节可不必深究，但需要了解其功能，具备用计算思维去思考、完成任务的能力。在青少年 STEAM 教育过程中，除教授基础的知识外，更重要且具有普适性的是为儿童提供工具，让他们能通过工具去创作、实现自己的想法。

目前，学校、家庭、培训机构、少年宫等都是 STEAM 教育的实施主体，学校主要以课后服务为主，部分学校将其纳入常规课程；培训机构是目前的核心服务提供主体，课程难度级别相对更高。

除了学校和教培行业之外，社会化媒体平台为儿童接触知识内容提供了更多可能，抖音官方发布的年度数据显示"知识已经走入象牙塔"，2021年，抖音"双一流"高校入驻率 92%，高校在抖音开播 14463 次；高校公开课观看总时长 145 万小时，最受欢迎的高校公开课有清华大学的《生活中的经济学》《西方思想经典与现代社会》《中美贸易争端和全球化重构》《世界历史地理》等 5 门课，北京大学的《术语与归纳哲学的危机》《中国经济的调整和前景》等 4 门课；播放量增长迅速的 5 大类知识分别是四六级、历史知识、心理知识、韩语教学、消防知识；除此之外，在热门的美育教育和劳动教育层面，抖音数据也令人惊喜，抖音平台视频覆盖 1557 个非遗项目，2021 年的博物馆相关视频播放 380 亿次，相当于全国博物馆 2020 年接待观众数的 70 倍，乡村短视频获赞 24 亿次！虽然抖音官方并没有公布各种播放数据中青少年用户的比例，但这不失为一种值得期待的方式，当我们往自助餐厅放入更多的健康食品时，儿童接触到的机率就更大。

三、媒介内容

1964 年，哈佛大学教授鲍尔 R. A. Bauer 发表了论文《固执的受众》，指出以前的传播学研究总是站在传播者的立场，研究传播者如何影响受众的态度，这种逻辑有方向上的错误，研究应该站在受众的立场，探讨他们对信息的处理和对这个传播过程的决定性作用。对于这两种研究视角，他有两句话经常被引用：以往的研究总是在问"讯息如何作用受众"（what can the message do to the audience）；而现在的研究应该问"受众如何处理讯息"（what can the audience do with the message），这两句话反映了截然相反的两种研究方向：一个是从讯息到受众，一个是从受众到讯息；一个关心讯息的效果，一个关心受众的需求；一个认为任务传播者重要，一个认为受众最关键。其实，在鲍尔之前已经有不少研究已经发现受众在大众传播中的主动性。例如，20 世纪的 40 年代收音机在美国普及率已经达到了 80% 以上，很多人乐观地认为广播可以成为一种学习和受教育的良好手段，广播的普及可以提升整个社会的文化教育水平。然而，一些听众调查却显示，那些看上去有启蒙、教育意义的所谓"好"节目的收听率并不好，反而那些"格调低俗"的轻喜剧、肥皂剧和猜谜游戏等娱乐节目收听率却非常高。这种现象让学者们开始研究受众的媒介接触行为，特别是他们接触媒介的心理动机。1944年，哥伦比亚大学赫卓格研究了《专家知识竞赛》的11名爱好者，通过对这些爱好者的访谈，发现即便是同一个节目，人们的收听动机、喜欢的点和获取的满足也是不一样的。他总结了人们喜爱知识竞赛节目三种基本心理需求：竞争心理需求、获得新知的需求、自我评价的，也就是通过猜测答案来判断自己的知识水准的需求。1949年贝雷尔森借助纽约八大报纸的发送员集体罢工为背景调查报纸对人们意味着什么，后来在《没有报纸意味着什么》中指出了人们对报纸的六种利用形态：其一，是获得外界消息的信息来源；其二是日常生活的工具，获得广播节目表、天气预报、商场促销信息等；其三，是人们休憩的手段；其四，是获得社会威信的手段，因为谈论从报纸上读来的新闻或知识而获得人们的尊敬；其五是社交的手段，读报可以提供丰富的话题，活跃社交生活；其六，读报已经成为仪式化的行为。

有关受众在媒介信息中的决定性作用最有有名的研究者莫过于麦奎尔，1969年麦奎尔针对电视媒体做了类似的研究，这项研究在方法上有了很大的改进，不像前两者那样通过少数样本用户的访谈，而是从概念操作、样本抽选、数据分析上都具有一定的科学性，调查了包括新闻、知识竞赛、家庭连续剧、青年冒险电视剧等6种节目，总结出受众在观看这六种电视节目的共通的四类动机。麦奎尔将其概括为：电视节目有心绪转换效用，可提供休闲和娱乐，让受众可以逃避日常压力；电视节目可以促成人际交往，融洽人际关系；电视节目有自我确认效用，看到电视剧的一些矛盾、难题的解决方法，可以提供自我评价的参考框架，甚至来反思自身的行为，去协调、改进自己的一些观念和思维方式；还有环境监测的效用，获取外界信息，把握环境变化。

现在关于受众主流的观点是：不是讯息影响了受众，而是受众选择和驾驭讯息。施拉姆对受众的这种特征有一个形象的比喻，就像在自助餐厅吃东西，哪样东西好吃就多吃点，如果那个餐厅啥都不好吃，我们可能直接就不在那儿吃了，换个地方或者直接回家做。总之，受众与媒体之间就是使用与被使用的关系，用得顺手，用得满意，就继续使用；用得不满意，可能就不用了。

儿童也是有特定需求的个人，他们的媒介接触活动是基于特定的需求动机来使用媒介，选择媒介内容，从而使自己的需求得到"满足"的过程。儿童的媒介使用动机就是为了满足其在社会化过程中，不同人格阶段和不同认知层次下的需求，这是一个充满好奇心的探索外部世界的过程，是一个不断观察学习增长知识的过程，也是一个不断成熟越来越接近成年人的过程。

对婴幼儿来说，电视作为一种最主要的传媒对其心理发展产生了重要影响，主要表现在三个方面，电视节目能够促进儿童的语言学习，扩大儿童的语汇量；电视媒体能够培养儿童认识事物的能力，电视节目中呈现的事物比婴幼儿时期的孩子能亲身接触到的事物要多得多，电视节目中生动形象的画面成为儿童认识那些无法亲身体验的事物的重要方式；电视节目帮助儿童认识社会角色和学习相应的行为规范，社会角色和相应的社会规范是儿童社会化的重要内容，也是儿童健康人格发展的重要因素，电视节目中的人物及其关系对儿童有示范性效应。

童年前期，大约是小学1—3年级这个阶段，媒介对其影响主要体现在三方面。其一，电视为儿童了解社会打开了窗口，儿童随着电视进入了成人社会。其二，电视为儿童提供了与一定社会相适应的价值观念和行为规范。其三，媒介中的故事使儿童体验了人类丰富的社会性情感，促进了儿童道德感、理智感和美感的发展。

童年后期，大约是小学4—6年级，年龄约在10—12岁。童年后期与童年前期在媒介接触上的主要差别在于是否能够使用印刷媒介。由于印刷媒介的介入，儿童不仅通过图像、声音，也通过文字符号来了解社会和历史。它对于儿童心理发展的意义有三点。其一，媒介内容刺激儿童词汇的增长，不仅是口头语言，还有文字语言。其二，书籍、报纸和杂志等媒介内容为儿童提供了适合其心理发展水平的知识，可以有效地促进儿童总量的增加。其三，媒介内容刺激儿童想象力的发展。除了印刷媒介，童年后期的儿童还开始尝试所有的媒介，电子游戏机、计算机、手机和卡拉OK。他们比其他年龄段的儿童接触的媒介要广泛得多。童年后期，儿童的媒介选择开始与父母的选择、同伴的选择相分离，表现出自己的个性特征。

总之，就儿童的社会化需求来说，不同阶段的儿童需求有差异，其选择性接触的媒介内容也不同。如果媒介提供的信息适合儿童的心理年龄特征，那么就有可能发生有利于儿童发展的影响。同时，值得关注的是，当媒介内容成为儿童社会化的重要资源，会对儿童的认知产生一些不那么积极、值得关注的问题。

关于幻想和现实。父母和学者通常担忧媒介中构建的虚拟人物和情节会对儿童有负面效应。那么儿童区分幻想与现实世界的能力是如何发展的呢？大多数研究者认为，幻想与现实的区分一般要经历三个阶段（Jaglom & Gardner，1981；Wright，Huston，Reitz，& Piemyat，1994）。在第一个阶段（2—3 岁），儿童还不能区分幻想与现实。3 岁以前，儿童往往还不能模仿录像中的动作，尽管，如果改由现实中的人物来表现同样的动作，他们就能毫无困难地进行模仿（Barr & Hayne，1999）。第二个阶段发生在四五岁左右，此时的儿童会简单地否定电视中出现的任何事物的现实地位。例如，将暴力看作"游戏活动"，将血当作"番茄酱"（Hodge & Tripp，1986）。在一项研究中，3 岁儿童认为，如果将电视机倒过来，那碗爆米花就会撒落（Flavell，Flavell，Green，& Korfmacher，1990）。要意识到某些节目内容是真实的，某些节目内容是虚构的，似乎要到六七岁（这里存在实质性的个体差异）。许多研究者将这种分辨能力归因于"电视识读能力"的发展（Bianculli，1992）。儿童首先学会识别广告，这大约在 3—4 岁，然后是识别动画片，接着是新闻节目，最终才能识别儿童节目和成人节目，以及差别更微妙的一些节目类型（区分肥皂剧跟电视连续剧）。然而，电视节目中现实与幻想的区别并非总是显而易见的。事实上，即便成人也不是总能正确地区分。不管怎样，儿童能逐渐认识到新闻是由现实构成的，而动画片和戏剧是虚构的——前者是需要认真思考的，后者则是一种娱乐，这是非常重要的。有人认为，在儿童后期，传媒内容越真实，儿童的情绪参与就越深入。霍吉和特里普（1986）认为，这可以解释为什么儿童随着年龄的增长，其兴趣偏好从卡通人物转向现实人物。

关于认知图式和脚本。图式（schema）是当代认知心理学的重要概念之一，指的是一种心理结构，常用以表示我们对于外部世界的已经内化的知识单元。脚本理论是 1975 年由斯肯克和艾贝尔森（Schank & Abelson）提出来的。他们认为脚本是图式的特殊类型，它表征知识的行动程序和熟悉的重复顺序。脚本包括的信息有角色、对象、行动中事件的顺序。脚本将这些信息组织在一起，形成关于这个时间的知识单元。一些研究者考察了儿童对电视解说词的加工理解，以及对电视故事的记忆（Lorch，Bellack，& Augsbach，1987；Low & Durkin，2000；van den Bro-eck，Lorch，& Thurlow，1996）。这些研究表明，儿童对电视解说词的回忆跟其他传媒中呈现的故事相似（Shapiro & Hudson，1991），如果解说词以杂乱的、不可预测的、不合逻辑的形式出现，9 岁以下的儿童往往根据逻辑推断做出错误的理解，然而，到了

9 岁，儿童就能比较好地回忆这些杂乱的解说词（Low & Durkin，2000）。这些研究发现，当事件以儿童熟悉的形式发生，能激起其有限的过去经验时，幼儿感到更加快乐，这也许能解释为什么儿童对不断重复、令人厌恶的电视广告表现得如此着迷（Palmer，1986），这也能解释为什么儿童喜欢重复的节目片段（如主题曲）。希尔夫斯通（Silverstone，1993）认为，在儿童早期，这类重复性的片段起着一种安心和稳定的作用，儿童知道接下来将会发生什么。霍吉和特里普（1986）认为，电视不是给儿童的心理注入没有价值或有害的垃圾，而是给他们提供各种丰富的推论和叙述形式。这对发展"转换能力"，即将概念运用于不同情境的能力，具有积极的作用。另一位传媒学者戴维斯（Maire Messenger Davies）在研究儿童的电视使用时提出了类似的观点。她认为儿童是以认知心理学称之为"图式"的东西来认识和理解世界的。这类图式在儿童对观念分类的理解中发挥着重要作用。

关于广告与儿童。在欧洲和美国，人们呼吁对广告管理进行立法以规范限制儿童广告，瑞典政府已宣布目标为 12 岁以下儿童的电视广告为不合法。对儿童进行广告宣传的行为引起了心理学家、传媒和传播专家以及广告业本身的激烈争论，研究者因所涉及的立场不同分为截然不同的几个阵营。批评儿童广告的人士认为，儿童还没有形成区分广告和其他节目的认知能力，即便是 12 岁的儿童也可能误解广告的性质与功能。另一些人则坚持认为，儿童要比儿童心理学家想象的更成熟，而且禁止电视广告，对抵制当今社会中促进无情消费的其他力量不可能起到多大的作用。法肯堡和康托尔（Valkenburg & Cantor，2001）提出，儿童要经历四个阶段才能发展成为成熟的消费者。首先是婴儿期（0—2 岁），儿童会对颜色鲜艳的电视节目（包括商业广告）感兴趣，18 个月开始会对电视广告中看到的产品提出要求。其次是学前期（2—5 岁），此时儿童最容易受到电视广告的影响，往往难以抵制产品的诱惑，因此当父母在商店里拒绝其购买要求时便会大发脾气。该研究发现，有 70％的 5 岁儿童的父母经历过这类冲突。在第三阶段（5—8 岁），儿童对传媒的消费广告变得更成熟，他们已能采取一定的谈判策略跟父母商量所要购买的东西。在该阶段的后期，儿童已开始表现出购买的独立性。最后一个阶段为 9—12 岁，随着儿童成为批判性的传媒使用者，并日益为成人形式的娱乐所吸引时，这种独立性继续得到发展。在这个阶段，同伴影响更加突出，成人消费形式开始出现，如对品牌忠诚。

关于色情和暴力。所谓传媒暴力，笼统地说就是大众传播媒介中的暴力内容和信息。大量研究认为，电视暴力对受众特别是儿童具有负面影响，其中最著名的研究当推美国公共卫生署署长威廉·斯脱特所主持的电视与社会行为研究小组在 1972 年所提出的研究报告。报告认为，观看电视节目中的暴力镜头与实际生活情境中表现攻击性行为有很大的关联，只是电视暴力的影响也要视儿童本身的情况而定。跟传媒暴力一样，人们对色情传媒也往往持否定的态度。尽管 2000 多年前的古人就说过："食色，性也"，现代传媒中有关性描写的内容也并不鲜见，然而，人们对待色情作品的态度仍充满争议，而且总体上持负面意见。在对传媒暴力的心理学解释中，最有影响力的当属来自学习理论的角色模仿和宣泄理论。模仿理论来自 1960 年代班杜拉开展的"贝贝玩偶"研究。研究表明，儿童在观看成人击打洋娃娃的录像后表现出更多的击打行为。这些研究已经成为社会心理学和发展心理学教科书中讲到攻击行为时必不可少的内容。社会普遍抱怨，传媒对暴力的报道增加了暴力行为的魅力，有些电影角色的塑造使年轻影迷觉得暴力可以接受，甚至向往。一些证据表明，攻击性原型的魅力和对攻击性原型的认同程度，加深了传媒暴力的影响（Donnerstein & Smith，1997；Huesmann，Lagerspetz，& Eron，1984；Jo & Berkowitz，1994）。甚至有人提出，电视游戏人物也可能被儿童当作暴力角色原型。宣泄理论溯源到弗洛伊德，弗洛伊德认为人来到世上便有一组"原始冲动"，因此需要"宣泄"。随着历史的进展，文明社会已发展起许多更精致的释放这些冲动的出口，如艺术表现（Freud，1930）。持宣泄观点的研究者认为，观看暴力节目对受众具有宣泄效果，通过对虚构攻击性行为者的认同，使受众的暴力倾向因代理表达得以解除。这是反向的兴奋转移，即观众带着被压抑的攻击性来到电影院，然后带着心满意足和平静的心情离开。实证研究很少能支持宣泄假设，因为实验室中的传媒暴力往往是不可预测的，而且不是参与者主动选择的。几乎没有研究设计用来调查传媒暴力的宣泄效果，然而根据兴奋转移研究提供的证据也不足以拒绝该假设。

第二节　儿童信息传播的内容叙事

赫拉利在《人类简史》中说，我们靠故事得以生存。古希腊哲学家柏拉图说，会说故事的人统治世界。讲故事是人类的本性，早期的宗教、历史、神话等文化形式也主要以故事的形式存在，并且代代相传。故事也是儿童信息传播的一种重要形式。在实际生活中，故事对儿童有天然的吸引力，并成为儿童教育的重要形式。从儿童认知的角度讲，形象的故事比抽象的文本更有力量，因为故事会通过构建场景、情节加深传播印象。迄今为止，人类社会创造了丰富的故事，这些故事表面看似纷繁复杂，实际可以归纳为有限的"母题"。在某个"母题"下，通过对不同素材千变万化的组合，结构元素的改头换面，可以衍生出无限的故事。

母题是在芬兰民俗学者阿尔奈（Antti Aarne）《故事类型索引》中最早使用的概念，他用这个概念表示对民间故事进行分类的标准。1932年美国民俗学家汤普森（Stith Thompson）将民间故事的最小叙事单位界定为"母题"。母题就是故事中的基本元素，它们在文化传统的延续中不断地重复出现，表现为人类共同体的集体无意识。母题延伸到一般文学创作，是指故事的类型或基本元素。它的数量是有限的，但通过对不同内容的排列组合可以构成无数作品。下面讲述几个主要的文学作品的母题，寻宝母题，灾变母题，死亡母题，情欲母题，英雄母题。

寻宝母题。对宝藏的膜拜、好奇心或占有欲是人类普遍具有的一种心理，因此寻宝成为文学传播的一个核心母题。古代文明史上，宝藏往往与宗教有着密切的联系，它们被人们赋予了神秘的功能。后来，宝藏与世俗社会的权利、地位和道德建立起了紧密的关系，世俗的统治者使用过的器物、名人的遗物等，因其本身的名贵，再加上权力的光环，也成为一类稀有之物。在古典的神话、宗教、文学、民间传说中，充斥着各种被找寻的宝物，如古希腊神话中的金苹果。寻宝也是现代文艺传播的核心母题，中国有不少寻宝、夺宝的影片。金庸小说中也大量采用寻宝母题，如《倚天屠龙记》中的倚天剑和屠龙刀。好莱坞电影中的寻宝题材的影片也不少，《指环王》(2001)、《哈利·波特1：魔法石》(2002)、《国家宝藏》(2004)等。作为故事结构的宝物，一般包含三个命题：第一，寻获宝物涉及一个关键秘密，宝物一般包括财物、武功、秘籍等，关键秘密一般包括地图、秘诀、刀剑、关键人物等。第二，宝物或寻宝过程总是给它的主人带来种种厄运，极力想成为它的主人的最终往往会变成它的奴隶。第三，主人公总是无意中寻获宝物，但只有对宝物不在意，才能够得到和保有它。

灾变母题。人类社会要不断面对各种灾难，包括天灾和人祸。灾难给人们带来的是恐怖的回忆，人类必须要对这些现象进行解释，并找出应对策略，以化解灾难给人们造成的肉体和精神的创伤。灾变文学就是人类应对各种灾难的文化解释系统。灾变母题最早的原型一般认为是古希腊传说中普罗米修斯的故事，他由于戏弄宙斯而被惩罚导致灾变。灾变母题在文学传播中有着一脉相承的悠久传统，因为天灾人祸从古到今不断出现，而且不少灾变往往具有超自然、超理性的神秘色彩，即使现代科学也不能对其做出完全理性的解释，因此，灾变母题频频出现在许多现代文艺作品当中。《泰坦尼克》《后天》《2012》等好莱坞电影就是典型的灾难母题。灾难的原因很多种，其中之一是人的过失招致灾难，《三国演义》中失荆州是因为关羽的刚愎自用，火烧连营是因为刘备的一意孤行，失街亭是因为诸葛亮用人不当，这类故事使人们对自己的行为后果有所警惕。

死亡母题。生与死是人类必须直面的一个终极文化问题。每个民族都要思考生与死的命题。"饿死事小，失节事大"表明了中国古代伦理价值观中的死亡观念。"士为知己者死"表明了侠客的生死观，人们不断地讲述有关死亡的故事，追问生存的意义和死亡的价值，死亡也因此成为文艺作品的核心母题。尤其是在悲剧类的文学作品当中，死亡母题可以极大地激起人们对死亡的恐惧和对悲剧个体的怜悯，从而肯定生存的价值。鲁迅的小说集《呐喊》《彷徨》有一半以上的篇章直接或间接地涉及死亡。从主人公绝望的死亡中，可以感受到那个时代中国人的悲剧人生，表现了作者对生和死的思考。在作家余华的《活着》《许三观卖血记》等小说中，死亡也是一个核心的母题，这些小说通过讲述生活在中国社会底层的人们如何一步一步地走向死亡，让人思考生存的价值。战争文学中死亡母题较多，俄国作家托尔斯泰的小说《战争与和平》即是死亡母题。死亡母题不局限于人生命的终结，还可以隐喻其他类型的死亡，如青春逝去、心灵枯竭、个性压抑等。一个民族的消亡也可以理解为死亡母体的衍生体。

情欲母题。作为人的一种本能欲求，情欲在中西文化传统中拥有不可忽视的地位。在古希腊神话中，情欲母题的原型是爱神阿弗洛狄特，这位爱神同时也是美神，它的诞生其实就充满情欲。情欲母题在宗教故事中也是一个叙事重点。佛教文学中情欲母题具体化为高僧面临美女的色欲考验，如《西游记》就是高僧与美女色欲考验母题。美学家朱光潜指出，中国古代民歌中有不少是表现性欲的，诗经中的国风大半是言情之作。情欲母题的一个变体是明末清初涌现的一大批才子佳人类小说，现代则进一步演化为爱情小说。

英雄母题。神与英雄是文艺传播中最为普遍和典型的母题之一。神与英雄在文学作品中具有相同的功能和性质。神是虚空的、超自然的英雄，反映了先民的原始思维模式，是神话、民间传说的重要母题。英雄是世俗化的民间的神，体现了文明社会中人们的认知模式。各个民族的文艺作品中都活跃着神和英雄的身影，如中国古代文学戏剧、小说、电影中英雄通常是故事的主角。英雄的身上凝聚着人们所向往的理想人格和非凡技能，人类文化也因此衍生出典型的偶像崇拜现象。英雄母题在现代文艺传播中仍然扮演着核心的角色，除了小说、戏剧经常出现英雄之外，电影、电视剧等通俗文艺形式更是把塑造英雄形象作为主打题材。

对于儿童社会化来说，故事有两方面的力量，其一，故事提供了模拟的对象，故事能够让儿童通过有意识的模仿掌握相关知识。其二，故事是一种启发，很多古老的故事蕴含着智慧、道理，尤其是以上五种母题故事包含着有关人类社会更本质的意义，这种智慧和道理只能以故事作为载体才能发挥真正的价值，如果以抽象的其他方式呈现，不仅儿童无法接收，而且会影响意义的表达。

传统的儿童故事是专门为儿童创作的短篇或者长篇故事，包括童话故事、寓言故事、神话故事、历史故事等。故事的创作者有较强的目的性，希望通过生动有趣的故事情节、新奇有趣的场景描述、鲜明的人物形象，传递知识和价值观，提升儿童的素质，开拓他们的视野，锻炼他们的思维，促进他们的全面发展。好的故事通常包含着一定的人生教训，可以帮助儿童更好地了解周围的世界和人与人之间的关系。好的故事也能培养儿童的想象力和创造力，锻炼他们的批判性思维。好的故事也可以向儿童介绍不同的文化和历史传统，帮助他们更快更好地理解所生活的环境和价值观。好的故事可以教导儿童如何理解情感和表达自我，学会自信地处理与他人的人际关系、勇敢地表达情感。好的故事有助于培养儿童的同情心和移情能力，帮助他们更好地理解他人，这正是当下社会中人们缺乏的重要品质。好的故事可以帮助儿童学习新词汇和语法结构，提高语言能力和思维能力，让他们能流畅地表达自己的看法和感受。很多学校教师和家长也意识到了故事对于儿童教育的意义，将儿童文学作为重要的教育内容之一。然而，一个痛心的现象是，随着电子媒介越来越多地入侵到儿童生活中，越来越多的儿童不再喜欢听故事、读故事，而是沉溺于毫无教育意义的互联网短视频、游戏中。

与故事不同，短视频的时长通常在十几秒到 5 分钟之间，没有巧妙的故事构思，只有浅薄庸俗的刺激，其所依赖的技术有强烈的成瘾性，会"劫持"人们的大脑。儿童沉溺短视频中无法自拔并非单纯因为自制力差，斯坦福大学行为科学实验室创始人、行为设计学创始人福格博士相信，行为的改变是一个设计问题，而不是个人意志问题，互联网应用程序的设计就是为了抢夺更多的用户注意力。知名的科技、文化作家尼古拉斯·卡尔在他的著作《浅薄：互联网时代，我们如何思考、阅读、记忆》（The Shallows：What the Internet Is Doing to Our Brains）中探讨了互联网和数字化技术对人类思维和认知的影响。他认为，随着人们越来越多地依赖网络来获取信息和娱乐，人们的大脑就会适应短期任务和碎片化信息，而丧失深思熟虑和长期记忆的能力。为了证明自己的观点，卡尔通过生物学、心理学和文化史等多个角度进行了研究和分析，指出互联网对人们注意力、理解能力、阅读和写作技能、创造力、记忆和决策能力等多个方面存在负面影响。他认为，互联网时代的信息过载和持续刺激正在破坏人们的思维深度和复杂性，甚至会威胁到人们的自我意识和身份。他呼吁人们更加理性地使用这些工具，并采取一些措施来恢复大脑的深思熟虑和长期记忆能力，如持续不断地进行深度思考、集中注意力、阅读书籍、避免信息过载、建立良好的社交等。

虽然数字革命革新了包括沟通、教育和娱乐的方式，也改变了人们作为个人和社会的行为方式，但无数的实际例子也已经证明，过度的媒介接触会导致学业失败、社会退缩、行为失范、家庭冲突以及身体和精神健康等问题。没有哪个群体比儿童受到的影响更深刻。儿童时期是一个人认知和思维形成的关键时期，社会、学校和家庭有责任和义务在儿童判断能力尚未成熟之前，有效干预儿童的数字媒体接触行为。虽然社会不可能再回到技术发明之前的纯粹状态，但不少实证已经证明，给孩子讲故事，陪孩子阅读是建立良好亲情关系，让孩子远离网络的良方。美国小说家玛丽莲·罗宾逊（Marilynne Robinson）这样概括青少年时期的多方汲取："我所读过的每一本在相当程度上雄心勃勃、认真负责或富有想象力的书，我所遇到的每一位好老师、音乐和绘画，以及在任何方面都很有趣的谈话，甚至是在陌生人之间偷听到的对话，都为我打开了无法言喻的疆界，以及接近这些疆界的途径。"读故事不仅仅是告诉孩子有关世界的一切，更重要的是为他们带来一种安全感和舒适感。这种安全感和舒适感是人人都渴望的东西，也是人们清楚记得的有关"童年"的东西。

第四章 儿童信息传播的媒介

《理解媒介》一书中说，"电子信息瞬息万里，使全球生活同步化，全球经济趋同、整合，游戏规则走向统一网络生活同一时空差别不复存在，昔日遥不可及的海角天涯刹那可达。谁不说这就是弹丸之地"。这几年儿童图书杂志种类丰富，日新月异，市场上不断呈现出控孔书、游戏书、洗澡书、翻翻书、布书、触摸书、仿真书等，如中国第一玩具期刊《嘟嘟熊》杂志既像一本杂志，又像是一件玩具。当下，儿童媒介呈现以下几个特征：

第一，新媒体不断呈现。"新媒体"指新的技术支撑体系下出现的媒体形态，反映在儿童领域主要是儿童接触或使用的老媒体新兴形态，如图书的新兴形态有电子书、点读书等，杂志的新兴形态有近几年兴起的玩具杂志，电视的新兴表现形式有动画片、电视节目，网络的新兴形式包括受孩子们欢迎的新兴网站，等等。新媒体除了老媒体新形态，还包括一些新兴的媒体，如手机、IPAD，新兴智能玩具如智能语音识别玩偶、智能对话早教玩具等。

第二，媒体服务更加到位。以往的媒介呈现一种静态、被动的感觉，似乎等待着儿童阅读，如一本书、一本杂志，只有儿童去阅读了才能参与到这种媒介中。如何让媒介行动起来，媒介能否行动起来，图书媒介能否不只是提供给儿童阅读，而且能够让儿童参与其中，这些问题引起了人们的普遍关注。信息时代，有些图书，孩子还没看到就已经能够听到它的声音，闻到它的气味。有些图书中有赠送的识字图卡、光碟照片，体现出了制作者的精益求精。

第三，媒体技术不断创新。教育学家希里尔说（对于今天的孩子来说）："世界全部知识的97％都是他出生之后人类所创造的。"人类在传播技术方面付出巨大的辛勤劳动后，仿佛进入了一个全面收获的高峰或黄金时期。新媒介一个接一个地快速诞生、普及，渗透到人们的学习、工作和日常生活中。时下，许多儿童媒介技术不断满足社会生活的需要，许多智能化产品在市场上频频露脸，如早教机会给孩子讲故事、念儿歌，智能对话早教玩具采用先进的语音识别系统，会和孩子作简单的对话。

第四，媒体功能更加融合。信息化时代，媒体已经不再局限于单一功能，转而向综合功能发展，呈现出多媒体发展的态势。这些媒体媒介功能融合，集文字、影像、声音、数据储存、处理、双向通信、网络等于一体。《东方宝宝杂志》不仅推出纸质杂志，还包期附赠碟片，让孩子不仅在纸上看书，还在图像中读书《幼儿画报》杂志推出点读笔，孩子们可以同步接受杂志上文字和声音的信息。

第一节　儿童信息与媒介的关系

全球化、新传播科技和人群多样化塑造着一个不断变迁的世界。现今的世界被各种媒介包围着，从书籍、报纸、杂志等纸质媒介，到电视、电影、广播等电子媒介，以及异军突起的网络、手机等新兴媒介，共同构成了人们多元的生活方式和文化，传递着信息、价值观和意识形态，对人们生活的影响无处不在。电子媒介的普及宣告了以单一印刷文化为中心的社会文化格局的彻底改变，宣告人们身处全方位传播、多媒体介质、流动迅速、信息增值迅猛的时代。如今的社会状况已经与20世纪的媒介环境不可同日而语。媒介成为当代社会极为重要的资源，没有合理使用这种资源的能力，儿童就会沦落为信息时代的弱者，民族也会沦落为信息时代的弱势民族。因此，面对新媒介及其文化的迅速发展，理解媒介与儿童信息的关系、帮助儿童积极应对媒介与信息世界已成为重要的研究课题。

那么，现代媒介与儿童信息生活存在着怎样的关系？新时代儿童的教育如何因应媒介与信息发展的挑战？

一、媒介与儿童信息的定义

（一）媒介的定义

什么是媒介？《现代汉语词典》中认为"媒介是使双方（人或事物）发生关系的人或事物"。"媒介"一词，最早见于《旧唐书·张行成传》："观古今用人，必因媒介。"在这里，"媒介"就是指使双方发生关系的人或事物。其中"媒"字在先秦时期是指媒人，后引申为事物发生的诱因。

而"介"字，则一直是指居于两者之间的中介体或工具。在英语中，媒介"media"一词大约出现于19世纪末20世纪初，其义是指使事物之间发生关系的介质或工具。上述的"媒介"一词主要是从广义来理解。在麦克卢汉（M. McLuhan, 1964）的笔下，媒介即万物，万物皆媒介，而所有媒介都可以与人体发生某种联系，如石斧是手的延伸，车轮是脚的延伸，书籍是眼的延伸，广播是耳的延伸，媒介无时不有，无处不在。凡是能使人与人、人与事物或事物与事物之间产生联系或发生关系的物质都是广义的媒介。

在狭义的层面上，人们对"媒介"的理解和运用是各不相同的。有时它与符号同义：媒介是指承载并传递信息的物理形式，包括物质实体和物理能。前者如文字、各种印刷品、记号、有象征意义的物体、信息传播器材等；后者如声波、光、电波等。可有时它与传播形式相通：媒介是一个简单方便的术语，通常用来指所有面向广大传播对象的信息传播形式，包括电影、电视、广播、报刊、通俗文学和音乐。

在本书中，我们所用的"媒介"一词是从狭义的层面来界定的，借用浙江大学邵培仁教授的观点，媒介就是指"介于传播者与受传者之间的用以负载、传递、延伸特定符号和信息的物质实体"，它包括书籍、报纸、杂志、广播、电视、电影、网络、手机通信等及其生产、传播机构。本书所指的媒介采用以上这个定义。

（二）儿童媒介的特征

不少研究显示，在儿童和青少年目前所接触的媒介中，接触最多的除了课本之外，主要是电视、网络和手机；最感兴趣的是漫画、电视、网络和手机。由此可见，儿童更喜欢新媒介以及具有图像性质的传统媒介。

儿童之所以会对这些类型的媒介特别感兴趣是因为它们具有一些独特的性质，即简便的、民主的、多样化的和参与式的。

1. 如影随形、方便实用

电视现在几乎成了儿童的贴身用品，可以说，现代的儿童就是在电视身边长大的一代；手机更是以小巧灵活携带方便而成为许多儿童所喜欢的媒介产品。另外，电视、网络和手机的使用操作简单易行，使用者几乎可以无师自通。技术门槛的降低在一定程度上激发了人们使用媒介的兴趣，这是传统媒介所比不上的。

2. 互动性、参与性

互动性是一种媒介特征，只是不同媒介的互动程度和互动形式不同罢了。传统媒介被称为"低互动类媒介",而新媒介被称为"高互动类媒介"。最主要的定义方法是:人际互动和人信互动。人际互动是指信息发送者与信息接收者之间的双向沟通,如互联网中的在线聊天、E-mail 交流、BBS 交流、MSN 交流等。人信互动是指信息的接收者与信息之间的交流。在传统媒介中,接受者对信息几乎没有什么选择权,他们唯一能做的就是选择看哪份报纸、哪个电视频道。但对于互联网络这种高互动类媒介而言,人们对信息不仅有选择权,还有控制权,可以改变信息的内容和形式。比如搜索引擎,就是信息的接收者选择自己感兴趣的信息;通过网络,人们可以选择自己喜欢的音乐、图片或动画;通过 E-mail,人们可以定制新闻,每天收到自己感兴趣的个性新闻。传统媒介是单向的,信息从媒介向受众单向流动,而新媒介的信息流动是双向的。因此,互动性是新媒介与传统媒介相比最重要的优势。对于儿童来讲,以前的他们只是被动地接受媒介传达的信息,表达自己的机会相对很少,而新媒介的出现大大地改变了这种现状,同时也因此而增加了媒介教育中的创造性和表达性这一重要环节。

3. 多元化、个性化

网络、手机等传播主体和方式多元化的同时也带来了文化的多元化。网络、手机的传播是个性化的,儿童不仅在网络或手机中对信息的需求和使用的目的不同,而且对信息的接收方式也可以成为个性化的选择,如手机个性化铃声的设定、手机用户对新闻的定制等等。这些媒介的使用简便性、互动性、多元化和个性化的特点,迎合了这个时代儿童的心理需要,并促成儿童与媒介之间产生更多的互动。

二、作为儿童生活信息环境的媒介

"新媒介是在毒害我们的孩子,还是在培养他们?"伦敦大学教育学教授大卫·帕金翰(David Buckingham)在著作《童年之死》(After the Death of Childhood)中提出的这个问题反映了当今媒介与儿童关系的本质,并反映了当代人对数字科技的矛盾心理。

关于媒介在儿童生活中扮演的角色,存在鲜明的两极化解释:一种观点认为童年正在消亡,而媒介则是造成这一现象的主要原因。因为儿童不需要经过训练就能和成人接受同样的媒介信息,它消除了童年和成年之间的界限,使得儿童提早社会化,并被动接受媒介的许多消极影响。这个观点以尼尔·波兹曼(Neil Postman)为代表,他在《童年的消逝》(The Disappearance of Childhood)一书中进行了清晰地阐释,分析了传统纸质媒介和电视媒介对儿童影响的差异。他认为这种差异与内容无关,而与它们在认知上所隐含的意义有关。他认为印刷品在本质上是象征性和直线式的,因此能够培养抽象与逻辑思维能力;而电视是一种视觉性的媒介,它并不需要特殊的技能,也不用培养任何解释的技能,也由此使得成人对儿童的权利与控制随之变弱。同样的,约书亚·梅罗维茨(Joshua Meyrowitz)在《消失的地域》(No Sense of Place)中也将印刷品与电视对儿童的认知含义做了清楚的区分,让认为印刷品倾向将儿童与成人隔离开,而电视则倾向于将他们再融合。

除了电视,计算机也被看成一种对儿童行为产生不良影响的媒介。网络游戏沉迷、暴力倾向、社会交往淡漠、色情信息等这些都使成人对计算机表现出日益高涨的担心和忧虑。由此,他们得出一个结论,童年或儿童正随着新科技、新媒介的崛起而逐步消亡,并表达了对这种现状的无限焦虑。

近几年来,社会和学术界逐渐萌发了另一种关于儿童与电子媒介之间的关系更为正面的建构的观点。这种观点认为儿童根本不应该被看作被动的媒介受害者,反而被认为拥有一种强有力的"媒介识读能力"(Media Literacy)。尤其是由于青少年和成人使用新媒介科技的体验不同,而且儿童精通这些新技术的运用,使得他们得以接触新的文化与传播形式,而这些文化或传播形式更不受家长的控制。也就是说,新的电子媒介解放了儿童和青少年,并赋予他们更大的权利,使他们能够发挥自己的创造力,建立属于自己的群体,并实现自我。正如唐·泰普史考特(Don Tapscott)所著的《在数字世界中长大》(Growing Up Digital)描述的,(如今的儿童)拥有强而有力的新工具,用来查询、分析、自我表达、影响他人以及玩游戏。他们拥有父母根本想象不到的灵活性。他们正以其父母从未想象出来的方式来缩小这个世界。在数字世界中儿童是主动的行为者。

上述两种观点犹如一个硬币的两面,看似迥异,实则有着相似性,其关键在于对儿童与媒介之间关系的本质看法,是"被动"还是"主动",是"消极"还是"积极"。也就是说我们是应该保护儿童,以免他们受到成人世界"不良"行为的影响,还是我们愿意开放地让儿童接触各种媒介,并去构建他们的媒介文化?关于媒介与儿童关系的假定反映了不同的观点,强调媒介对儿童负面影响的"保护主义"论否认了儿童在创造他们自己的文化时所扮演的主动角色,并将他们仅仅设想成是被动的受害者;而过于积极的"乐观主义"则忽略了新媒介被设计、制造与营销背后的价值观以及它们是如何被现实中的儿童所使用的。

我们认为，首先必须承认媒介对儿童的影响无所不在，其中包括消极的影响和积极的作用，同时也相信儿童是在不断建构自己的媒介文化并需要我们去尊重这种文化的存在。这是我们对媒介与儿童关系的基本观点。另一方面，我们主张从媒介与儿童关系的事实层面，也就是说媒介在儿童生活中所扮演的角色层面来分析媒介与儿童的关系，从而更加客观中立地分析媒介与儿童的真实关系，这也是本书分析和立论的理念基础。因此，我们主张从传播生态学角度来描述媒介与儿童的关系：即首先媒介对儿童而言是生活环境，这是第一层关系；其次媒介对当代儿童而言，不仅是生活环境，更是教育环境和成长的第二课程。

（一）媒介是儿童的生活信息环境

随着报纸、电影、广播、电视、电脑与网络、手机等多种媒介的登场，媒介已经渗透入人们生活的方方面面。借用台湾媒介识读教育专家吴翠珍的说法："无人能自绝于媒体，媒体已经超越对象的本质而成为环境，如同阳光、水、空气，是生命与生活的要素。"我们在睁开眼的一开始就生活在媒介环境中，各种政治的、经济的、思想文化的信息纷纷随着大众媒介的巨大辐射力以快速、直接、形象、具体的方式充斥着我们的生活空间。大众媒介已经成为我们的日常生活环境。可以说，媒介不仅仅是在形塑着我们的文化，它本身就是我们的文化。

欧盟网上儿童（EUKids Online）项目数据显示，儿童正在越来越小的年龄接触触屏媒体①。例如，50％的 3—4 岁瑞典儿童在使用平板电脑，25％在使用智能手机；23％的 0—6 岁挪威儿童拥有家庭平板电脑，32％的儿童在 3 岁前就开始使用触屏媒体。2023 年，360 互联网安全中心和网络影视中心联合发起问卷调查，从上网习惯、网络环境感知、网络安全意识三方面，对儿童上网行为习惯进行了调查。调查数据显示，53.1％的儿童已使用手机上网，31.4％使用家庭台式电脑上网，13.1％使用平板电脑上网。儿童上网都在做什么？调查发现，聊天交友、听音乐、玩游戏是儿童群体最热衷

---

① Common Sense Media. Zero to eight：Children's media use in America ［EB/OL］. ［2011］. https：//www. commonsensemedia. org/research/zero-to-eight-childrens-media-use-in america

的网络活动，而查资料、看电影看电视剧等活动相对较少。①。

（二）媒介是一种教育信息环境

儿童成长的过程是一个社会化过程，主要来源于三个渠道：家庭、学校和社会。家庭是儿童学习社会化的最初环境，对儿童的个性发展起着重要的作用。学校教育是被普遍认可的社会化过程，目的在于通过正规的学习过程，使个体习得外在世界组织化与社会化的意义。社会是儿童学习社会化的第三个重要渠道。然而，数字媒介的大发展已经使得媒介突破了传统上社会教育的意义，并将其影响力广泛渗透入家庭、学校、社会，从而影响到儿童生活成长的方方面面。从这个意义上讲，媒介已经成为对儿童教育起着不可忽视的影响的教育环境，无论这种教育是负面的还是积极的，其对儿童的知识积累、思维方式、消费观、价值观、意识形态等影响力都是毋庸置疑的。

就媒介如何对儿童产生影响的理论中有三种典型的理论，分别从行为模仿、角色期待、媒介依赖三个方面显示媒介与儿童的交互作用。模仿论认为儿童通过观察媒介内容，与其中某些角色或行为产生认同，并意识到在某些情景下的模仿会产生有益结果，那么当这种情景再现时，儿童会产生模仿行为，这种模仿行为可通过媒介不断强化形成长期行为。社会期待论认为，媒介内容描述了当代社会生活各种群体的规范、角色、等级和制约。媒介描述为社会期待的来源，影响了儿童对现实社会的看法，如关于性别角色的刻板印象，以及娱乐选秀活动等。媒介依赖理论则认为媒介发出的信息能协助建构社会现实，提供给接受者一种世界观。久而久之，儿童会依据媒介所提供的参考框架来界定并修正个人的观念和行为。个人依赖媒介建构社会现实的程度，视信息与个人直接经验的距离而定，对于距离生活范围越远的事件，人们依赖媒介提供信息的程度越高。我们由此可以推论：儿童年龄越低，其个人经验越少、距离信息越远，因此他比成人更依赖媒介，媒介提供的观念和行为规范对他们的影响更大（刘晓红、卜卫，2001）。

不可否认的是，媒介是一种教育环境，人们通过媒介来认识世界，认识人、事、物与自己的关系。无论我们是否认识到媒介对自己的影响，我们与他人都在通过复杂的媒介互动来建立社会关系，并将这些关系整合成日常生活的样态。然而，我们容易忽视的是，媒介信息背后的生产者是谁？他们通

---

① 2023 年，中国互联网络信息中心与共青团中央联合发起问卷调查，注释为：中国互联网络信息中心》全国未成年人互联网使用情况调查报告［R］. 2023.12.23.

过媒介传达了哪些信息、价值观、意识形态给儿童？儿童是否具备足够的能力在这些纷繁复杂的媒介信息中解读真实？媒介与儿童的这种复杂关系，需要有教育力的强介入。①

（三）媒介是儿童的第二、第三信息课程

在媒介发展已经超越纸质文本，如此迅猛和普及的今天，学校教育还停留在纸质文本的识读上，媒介识读教育还没有走入课堂。随着电视、网络、手机等一系列电子媒介进入儿童的生活，大众媒介进一步边缘化了家庭的教育角色，也逐步威胁与动摇了学校的权威地位。

由于媒介（尤其是电子媒介）使用虚拟的符号（如影像与声音），因此不受教育、地域与年龄的限制，儿童与成人在电子媒介的使用上几乎难分轩轾。相较于学校课程以适龄教材实施的分龄教育，儿童的居家媒介课程不分年龄，且多半是无人教导的自我解读。儿童看电视、电影、听广播、读漫画、上网、打电动等活动是无师自通的。

媒介充斥以及儿童的媒介消费行为量大质杂的情况下，儿童从电视与其他媒介信息里学到的"社会化"恐怕远超学校所教导的。他们在媒介上所了解的知识和经验以及接触电子媒介的能力，恐怕也远远超过父母或老师的知识和经验。这些大众媒介不仅成为儿童主要的信息渠道，也形塑着儿童的社会行为、价值观和世界观，甚至直逼学校，有取而代之成为第一教育体制的可能。然而，媒介一直没能进入校园成为教育与学习的一部分，这是学校教育对儿童与媒介密切关系事实的忽视，也是学校教育与生活环境脱节的一定程度的显现。

从以上儿童与媒介的事实关系来看，媒介在当代儿童的文化经验中扮演着日益重要的角色。媒介对儿童而言是一种环境性的存在，是儿童的成长与学习环境。我们无法也不可能通过限制儿童接近媒介的方式来保护儿童。只有了解这些变化的复杂性和潜在矛盾，才能做出积极有效的反应。一味地责怪媒介或者颂扬媒介，都是高估了它们的力量，且低估了儿童利用媒介来创造他们自己的意义和快乐的能力。相反，现在更需要注意的是如何为儿童做准备，使他们具备应付这些媒介信息的能力。

---

① 中国互联网络信息中心 2008—2009 中国青少年上网行为调查报告 ［R］. http：I Iresearch. cnnic. cn/html/1245132193d646. html.

第二节　儿童信息媒介（中国）发展史

　　无论从什么意义上来说，媒介与文化都是密不可分的。媒介和文化的结盟贯穿于媒介和文化发展的始终。一部人类文明史既是文化传播史，也是媒介发展的创造史和变迁史。文化传播经历了口语传播、书面和印刷传播、电子传播、网络传播等阶段，其中就反映出了人类媒介技术的发展史。

　　在人类文明的历史中，大众传播媒介是一个有着众多分支系统的庞大家族。这个家族主要由两个支系构成：印刷媒介和视听媒介。印刷媒介主要包括报纸、杂志、书籍等，被称为传统媒介；视听媒介家族主要包括广播、电视、电影等，被称为电子媒介。这两个分支的媒介在不同的时代和不同的领域中各领风骚。然而，随着网络和信息技术的进步，大众传播出现了新的媒介形式，这些新媒介并不能归纳到视听媒介中，因为其媒介的形态和传播方式出现了新的变革，而且融合了各种不同的媒介形式，这就是以计算机、网络和手机为代表的新媒介。这种媒介形式催生了新的媒介样式——媒介融合。本节主要描述印刷媒介、视听媒介发展的大致的历史以及现在风靡的新媒介新发展样态，以了解儿童所处生活中的媒介变迁及其发展。

一、印刷媒介

（一）书籍

　　信息的传播是从语言开始的，继口语传播后出现的是书籍、报纸、杂志等纸质媒介。书籍作为主要的媒介统治了人类历史的绝大多数时间。书籍将丰富的社会信息和人类知识记载下来，对人类文化的传播和普及做出了重要的贡献，奠定了人类文明大厦的基石。

（二）报纸和杂志

　　为了信息普及和传输的方便，印刷媒介慢慢从书籍中发展出其他的分类，如报纸和杂志。15、16 世纪，欧洲逐渐出现了流行手抄小报，到 1702 年英国出版了《每日新闻》，被认为开始具备了近代报纸的形式（李炎胜，2005）。

　　1731 年，伦敦出版了名叫《绅士杂志》的定期期刊，第一次以"杂志"命名。从此以后，杂志就逐渐成了定期期刊的通称（李炎胜，2005）。在印刷媒介中，报纸和杂志以灵活多变的个性吸引着信息需求各不相同的人群，和书籍一起成为人们生活的重要组成部分。

二、视听媒介

（一）广播

1906 年的 12 月 24 日，费森登（Fessenden）发明无线电广播，1920年，威斯汀豪斯电气公司的 KDKA 广播电视台在匹兹堡正式播音，宣告了视听媒介时代的开始，这也是人类拥有的第一种电子媒介伴侣（蒋晓丽，2007）。1954 年，美国里吉西公司生产出第一台晶体管收音机后，德国、日本、苏联、荷兰等国都相继研制和大规模生产晶体管收音机。自此，儿童有了新的接受讯息的媒介——广播。

1956 年我国中央广播电台诞生了最早的专属于儿童的广播节目"小喇叭"，至今已经有五十多年的历史。之后各个地方台也陆续有了儿童广播节目。广播在现今的生活中被称为是"车轮上的媒介"。

（二）电影

自 1895 年问世以来，电影已发展成有重大影响力的大众传播媒介。电影经历了黑白默片阶段、有声彩色阶段和数字电影技术阶段和电影拍摄普及阶段。电影的形态展现了一定的意识形态性、市场商业性和和艺术性，是文化产业的重要组成部分。目前的电影借助新的媒介逐渐出现了电视电影、网络电影和手机电影等新的传播形式。

（三）电视

1926 年 1 月 26 日，英国科学家约翰·洛吉·贝尔德（J. L. Baird）发明了电视，1930 年，英国广播公司成功播出声画并茂的电视节目，1936 年，世界上第一座公共电视台在英国伦敦建成。电视的普及和发展在社会中扮演着颇有争议的角色：它以声音、图像、文字等多种符号为手段打造了多媒体的最初形态，在打破成人文化和儿童文化上起着不容忽视的作用，至今还在儿童的媒介生活中占有统治地位。

三、新媒介—媒介融合

（一）网络

21 世纪，新媒介——网络和手机的出现无疑具有划时代的意义。互联网无疑是现有媒介中的"新贵"，它凭借前所未有的活力和多媒体的传播优势成为媒介家族中的生力军。互联网于 1969 年在美国诞生，之后得到了快速发展。在我国互联网的发展速度也非常惊人，据中国互联网络信息中心第 24 次中国互联网络发展调查报告显示，截至 2009 年 6 月 30 日，我国网民人数达到了 3.38 亿，占人口总数的 25.5%。网络不仅给我们带来全新的传播方式，也开启了认知世界的一种新方式。网络的出现不仅在于其本身的多样化媒介功用，还在于其对原来传统媒介特性的破坏和拓展，如网络文学、网络报、手机报、电子数据库、博客等借助网络和手机传播内容的迅猛发展，既是对书籍、报纸和杂志等的挑战，又拓展了纸质媒介的传播形式。网络广播、在线电影、网络电视的出现既是对视听媒介的挑战，也同时拓展了视听媒介的特性。

（二）手机

继网络之后，很快又出现了一个全新的传播媒介——手机。手机刚刚出现的时候只是人们单纯进行信息交流和沟通的通话工具，然而随着新技术的出现，手机的功能不断得到拓展，如手机报、手机小说、手机音乐、手机电视、手机电影等。另外，手机的普及率高，未来可实现人手一机，使用率也高。由于手机比电脑更为普及，比报纸更加互动，比电视更便于携带，因此手机俨然作为具备多媒介传播和娱乐功能的新媒介对传统媒介势力提出了挑战，并以一种移动、互动、个性化的文化影响着人们。由此，手机很可能成为继报纸、广播、电视、网络之后的"第五媒介"。

人类传播媒介的发展历史是从单一到融合的漫长历史，过去由分散的媒介系统所执行的不同功能，今后将会整合到互联网信息高速公路这一综合的信息传播系统中。各种媒介在整合中呈现出媒介融合的特征，人们对信息的获取方式不再单纯依赖一种媒介形式，各种媒介以自己的特有的方式，全方位立体地包围着人们，并宣告正在进入一个新的时代，这就是传媒融合的信息时代。

第三节　儿童对媒介需求的研究：儿童对媒体的选择

1959 年，传播学研究者卡茨（Elihu Katz）提出了"使用与满足"的研究角度。与"媒介给了人们什么"不同，"使用与满足"理论旨在回答"人们用媒介做什么"的问题。其研究重心在于为达到个人的满足和实现需求，受众如何使用媒介。结果发现，不同的生活环境造成了人对媒介的不同需要，人对媒介的需要不同，使用就不同，进而导致不同的效果。[①] 虽然在 70—80 年代，"使用与满足"理论模式由于过分个性化而受到了理论界的批评[②]，但它终究从一个新的角度发现并论证了许多关于受众需要与其媒介行为的结论，使人们认识到不同的媒介行为可能导致不同的效果，而受众的媒介行为在很大程度上可以由个人的需求来解释。

20 世纪 60 年代施拉姆的儿童和电视研究指出，对儿童来说，媒介传播的影响因人而异。而这个"人"是在一定社会、家庭环境下成长的，具有一定社会需要的个体[③]。因此，我们有必要研究儿童为什么使用媒介，即从儿童需要的角度审视其媒介接触行为。

一、儿童对媒介有多种需要

儿童有多种媒介需要，并且对每种媒介的需要有所不同。儿童使用电视是为了满足放松/逃避现实、情绪刺激、交往诉求、快乐诉求和现实性的需要；阅读是为了满足逃避现实、快乐诉求、现实性和平静诉求的需要；使用电子游戏机则是为了满足放松/逃避现实和情绪刺激的需要。其中，就电视而言，在研究中的放松需要、逃避需要、情绪刺激需要、交往诉求需要、现实性需要与格林伯格的放松、忘记、寻求刺激、寻求伙伴、社会学习、了解自我等需要大致相同。唯一不同的是未发现"习惯"需要，原因是因为由于失误未测试"习惯"。就电子游戏机而言，本研究同意前人的朋友替代、交往需要、逃避现实的结论，但不同意"社会学习"的结论。在本研究中，只有 1.1% 的孩子在有社会学习需要的时候选择电子游戏机，绝大部分孩子选择游戏机是为了满足放松/逃避现实和情绪刺激的需要。当然，这也可能与游戏的种类有关。一般来说，多数游戏如角色扮演、冒险、射击、体育等游

---

① 丹尼斯·麦奎尔，斯文·温德尔. 大众传播模式论 [M]. 祝建华，等，译. 上海：上海译文出版社，1987；

沃尔丁·赛弗林、小詹姆斯·W 坦卡特. 传播学的起源、研究与应用 [M]. 陈韵昭，译. 福州：福建人民出版社，1985.

② Alan M. Rubin："Media Uses and Effects：A Uses-and-GratificationsPerspective"，Media Effects Advancesin Theory and Research []. Lawrence Erlbaum Associates，Publishers，1994 Hillsdale，New Jersey，Hove，U K.

③ Shramm，J. Lyle & W. B. Parker：Television in the Lives of Our Children [D]. Stanford，California，1961.

戏易于满足儿童放松/逃避和情绪刺激的需要，有些游戏如战略模拟游戏，可以满足儿童的社会学习需要。如果两个研究的结论不同，可能是不同的游戏内容引起的。我国在1992—1993年间，战略模拟游戏并未普及，所以游戏机接触与儿童的社会学习没有相关。至于阅读需要，我们还未发现同类研究，只提出来与电视需要、电子游戏机需要进行比较。

二、儿童的个体差异、社会差异与部分媒介需要显著相关

（一）性别差异与媒介的需求

女孩依靠电视、男孩依靠电子游戏机来满足情绪刺激的需要，女孩依靠阅读、男孩依靠电子游戏机来满足逃避现实的需要，在这两点上性别差异显著。年龄是影响儿童媒介需要的最重要因素。随着年龄的增大，儿童越来越不依靠电子媒介来满足逃避现实、情绪刺激等需要。

（二）在社会差异方面对媒介的需求不同

总的来说，儿童的家庭关系越不好、班级地位越低及在校道德表现越不好，则越依赖电子游戏机来满足逃避现实的需要。其原因可能是对某些媒介需要，个体差异或社会差异或社会差异本来就没有显著的影响。比如，性别与媒介的现实性需要、年龄与交往诉求需要、家庭关系与电视娱乐需要等。也就是说，无论性别、年龄、家庭关系等如何，这些媒介需要都是相同的。

（三）儿童的媒介需要与其部分媒介接触显著相关

就接触量而言，儿童的电视放松/逃避现实需要与其高接触显著相关；儿童书籍的快乐诉求与其高接触相关；电子游戏机的放松/逃避需要和情绪刺激可能引起其高接触。就媒介而言，儿童多依靠电视儿童戏剧类内容来满足放松/逃避现实、情绪刺激等需要。书籍中的纪实类内容主要用于满足儿童逃避现实的需要。同结论二一样，儿童媒介需要与部分媒介的接触是否相关也需要进一步地研究来解释。

三、儿童对不同媒介的信息需求现状

（一）对电视媒介的信息需求现状

儿童电视是指为儿童制作的、供儿童观赏的具有儿童特色的电视节目。此类节目从儿童的视点、趣味出发，以儿童特有的方式提供有利于儿童的信息，便于儿童理解和接受。随着电视产业的不断发展，儿童电视节目的种类越来越丰富。

在大众传播学领域，电视与儿童研究是个并不陌生的议题，有些著名的研究在大众传播研究中具有重要的意义，如早在 1958—1960 年，施拉姆（W. Schramm）、莱尔（J. Lyle）和帕克（W. B. Parker）等人对电视与北美儿童的关系问题进行了大规模调查研究。其研究焦点不是直接分析电视的效果，而是把儿童视为电视的使用者，研究儿童对电视的使用与满足情况。儿童的电视使用与满足研究一度成为英国、美国的社会学学者研究电视与儿童关系的主流范式。

1. 儿童收看电视的时间

施拉姆等人通过 11 项研究表明，儿童从 2 岁开始看电视，3 岁就可成为固定的电视观众，能指认其所喜爱的电视明星。我国 8 省 1400 多名 0～3 岁婴幼儿的调查显示，2 岁以下儿童看电视的比例接近一半，2 岁以上高达 93.2%。2016 年上海地区针对 152 名母婴的队列研究发现，72.4% 的儿童在 6～72 月龄的屏幕暴露时间轨迹呈现持续稳定上升的趋势。在 6 月龄时，儿童单日平均屏幕时间为 (6.8 ± 16.0) min，后持续稳定上升，72 月龄时达到 (68.1 ± 37.9) min，儿童屏幕暴露时间增高幅度达 61.3min/d。2019 年北京地区开展的一项调查发现，0～18 月龄、18～36 月龄儿童每天屏幕时间 >1h 的比例分别为 25.6% 和 49.0%，均较高。低收入儿童群体屏幕暴露时间可能会更长。2018 年国家卫生健康委和联合国儿童基金会在 12 省 27 县开展的农村留守儿童调查发现，0～3 岁、3～6 岁留守儿童每天看电视超过 2h 的比例分别为 13.2%、24.9%，均高于非留守儿童（分别为 8.1% 和 22.1%）。研究者得出结论，我国儿童平均每天看电视时间已接近发达国家水平，应加强对儿童收视的指导，提高他们选择电视节目的能力。

曹华研究了小学儿童的收视行为，通过对小学四、五年级儿童收视兴趣的问卷调查及对 6—11 岁小学儿童收视行为的参与观察，发现电视在儿童的生活中占有重要的位置，他们花大量课余时间看电视，看电视是儿童的主要课外娱乐方式。儿童平均每周看电视 4.24 天，平均每周看电视的时间为 13.71 小时，且儿童在看电视时间上的性别差异不显著。严志娟的调查也表明，近年来北京地区超过 72% 的儿童在 3 岁前即已成为固定的电视观众。

黄会林等对未成年人电视媒体收视行为进行了调查分析，发现 29.9% 的未成年人从 3 岁甚至更小的年龄就开始收看电视，74% 的未成年人开始收看电视的年龄在 5 岁以下，7 岁之前开始收看电视的未成年人占到 94.2%。这说明大部分未成年人在 7 岁之前就开始了其电视收视生涯。另外，未成年人周一至周五的平均收视时间在 2 小时左右，而周末大部分未成年群体电视收视时间低于 4 小时。研究者认为当前少年儿童群体电视收视行为较为稳健，沉迷于电视的孩子并不多见。

2. 儿童收看电视的动机

施拉姆等人在研究中指出，儿童看电视是为了满足自身存在的三种需要：娱乐需要（entertainment）、信息需要（information）和社会效用（social utility）。传播学者格林伯格（Greenberg）通过对儿童的测试提出了"电视需要清单"：习惯、消磨时间、寻求伙伴、寻求刺激、社会学习、放松、忘记和了解自我等。这份清单将儿童接触电视的动机分成两个方面：娱乐与信息需求。其中，娱乐具体包括放松、寻求伙伴、忘记等；信息需求包括了解自我和社会学习等。格林伯格的研究结果在后来的有关儿童与电视、儿童与电子媒介的诸多研究中得到证实，结论也不断得到补充。

经过整理、归纳，儿童接触电视的多变量需求被划分成四类：信息/社会需求/学习的需要，消磨时间/娱乐的需要，逃避现实/情绪需要，以及社会交往需要；其中儿童的最大需求是消磨时间/娱乐，其次是逃避社会现实/情绪。

关于儿童为什么看电视的研究在我国主要是以调查问卷的形式展开，研究结论也较为一致。李爱芹采用问卷调查法，调查了南京和徐州两地青少年的媒体接触现状，发现接触最为频繁的大众传媒是电视（50.4%），接触电视的主要目的是"了解国内外新闻""娱乐、消遣"和"学习各种知识"。青少年电视内容偏好以欣赏晚会综艺节目（67.4%）和观看电视剧为主（其中生活喜剧片的喜爱率为 65.2%，武打片为 62.7%，侦探或警匪片为52.5%），而新闻节目则被排到了后面的位置。

曹华对小学儿童收视兴趣与收视行为研究发现，在收视动机上，儿童更重视电视节目的娱乐功能，更关注节目是否有趣、搞笑，情节是否吸引人，场面是否刺激，而对其教育功能则较少关注

黄会林等研究发现，首都少年儿童群体的电视收视动机结构较为和谐，具体表现为移情抚慰动机（缓解压力，放松心情 67.55%）、学习动机（了解更多新鲜事和有意思的话题，46.27%；得到更多知识和生活经验，25.36%）、娱乐动机（看有趣的情节和故事，31.83%；看自己喜欢的明星，33.59%）三足鼎立，并都占六成以上的比重。此外，互动交流动机（跟朋友分享电视里的事 16.67%；参与节目中的互动 5.23%）也有所体现。从这

一结果中可以看出少年儿童群体除了有强烈的娱乐愿望之外,还有着强烈的学习愿望。电视作为一种传统媒体,其功能还可以更好扩展。综合以上理论和实地调查情况来看,儿童看电视不外乎以下三种目的:

首先,儿童看电视最主要的目的是为了娱乐,他们喜欢看电视时产生的快感(pleasure)。一方面,通过电视节目儿童可以认识一些有趣、具吸引力的人,逃避一些实际生活的问题,在电视中获得欢乐;另一方面,电视台节目不断发展丰富,娱乐性也在增强,更容易吸引儿童的注意。儿童看电视与其说是以寻求乐趣为目标,某种程度上不如说是以逃避现实为目标。因此看电视本质上是一种消极行为,儿童看电视时无须花太多力气,思路往往被动跟随剧情,缺少了独立思考。

其次,儿童看电视也是为了受到教育。在成长的过程中,儿童需要大量学习,以确定自己在社会中的角色及其相应的行为。大多数的儿童都会承认他们确实从电视上学到了一些东西,比方说,女孩子们认为她们从电视上学到了卷头发、做衣服或烹调的方法,男孩子们则学到了某种运动的方法等。他们也可以从电视节目中学到各种科学文化知识。

最后,儿童的社交活动也受到电视的影响。譬如,电视节目可提供谈话的资源,也提供了某种程度的社会地位,是儿童同伴团体形成或者是儿童次文化形成的促进因素。儿童如果没有看某个电视节目就无法和同伴谈论这个节目,也就无法融入同伴团体,获得归属感,这也迫使儿童更加热切地加入看电视节目的活动中。也就是说,看电视在他们的社交生活中有直接的效用。

(三)对网络媒介的信息需求现状

1. 对网络游戏的需求

廖素君的调查结果显示,未成年人最喜爱的媒体排名是:电脑游戏(25.44%)、电视(18.77%)、音像制品(磁带、CD、DVD、VCD、电影)(18.77%)、课外书籍(16.73%)、网络(14.63%)、报纸杂志(4.32%)听广播(1.70%)。中国社会科学院有关学者对北京、上海、广州、成都、长沙五所城市青少年运用互联网状况进行的调查统计:在740名青少年用户中,有62%的人在玩网络游戏。国家统计局新疆城市社会经济调查队也曾对新疆市各中、小学进行抽样调查,结果显示,73.77%的学生上网玩游戏,一些儿童对网络游戏已经达到了痴迷的程度。

那么,到底是什么使网络游戏如此受儿童欢迎呢?

第一，网络游戏本身具有巨大的吸引力：制作精美、声像精细。网络游戏借助先进的互联网技术，从外观到内涵都具有极强的艺术性和逼真性。电脑游戏让儿童体会到成就感，尤其在儿童解决了所有难题到达游戏终点时，这种成就感就更明显了。在现实生活中，儿童弱小的力量很难与社会、学校与家庭相抗衡，自我期望受到压抑，但在网络世界，他们被赋予了重新成长、重新选择的机会。在线交流、即时互动。通常所说的网络游戏，一般指的是网上 MUD（Multiple User Dimension 的缩写，可以译作多人世界、多人地下城或多人对话，俗称"泥巴"）。也就是说，儿童在游戏中所面对的不再是电脑控制下的机器人物，而是有血有肉有个性、具备真正人的智慧的游戏伙伴。身处世界各地的游戏者可以同时登陆游戏当中，创造自己的角色并通过控制角色的行动与其他人进行对话。实时的在线交流实现了游戏者之间的即时互动，正是这种互动满足了儿童沟通的需要。技术交互、人物模拟。游戏对于人来说，其根本意义在于克服了角色分工带来的异化感。网络游戏通过交互技术，改变了儿童与外界的主客关系，使儿童成为暂时的、虚拟的主体。在多变的游戏情节中，儿童通过虚拟的游戏角色满足了现实生活中的心理需求。无论 3D 或 2D 游戏，儿童都可以扮演任何不同的角色，将七情六欲、喜怒哀乐、脾气嗜好、价值观念投射到游戏角色身上。

第二，网络游戏如此吸引儿童也有诸多其他客观因素：社会潮流的影响。在社会价值取向日益多元化的今天，"时尚"越来越成为公众的价值追求。网络游戏的出现以其前所未有的独特魅力很快成为"时尚"的重要内容。盲从与追求"时尚"的价值取向使得越来越多人加入了网络游戏大军的行列，缺乏正确的价值观。当然，也有些儿童热衷于网络游戏并不完全是为了寻求刺激和享乐，而是有一个实实在在的追求：游戏点数的增加或是级别的升高。其中一些同学认为通过网络游戏可以成就自己的事业，获得成功的不良影响。众所周知，伙伴对于正在成长中的少年儿童的影响作用是不可低估的，与老师家长相比，儿童更喜欢与同学、亲戚间的兄弟姐妹交流，也更乐于接受他们的影响。儿童网络游戏的接触绝大部分源于伙伴的影响，伙伴之间的交流话题一旦指向于网络游戏时，影响的效果便可想而知了。

第三，应试教育给儿童带来的过多负担。当前的应试教育中，儿童学业繁重，一方面是学业上的枯燥无味以及遭遇太多的挫折，另一方面是网络游戏当中的成功体验。在学业中，他们难以获得网络游戏当中的情绪体验，两相比较，又怎么令孩子们不对学习移情别恋，而钟情于网络游戏呢？

2. 对网络聊天的需求

儿童在网上最常做的活动是相互沟通，亦即通过网上聊天室及电子邮件等媒介结交新朋友。他们认为通过互联网可以加强自己和朋友的联系，因此，大量互动沟通软件应运而生，如QQ、微信、电话手表等。事实上，沟通是发展人际关系不可或缺的要素，互联网上的沟通不一定削弱沟通的效果，有部分儿童甚至认为在网上沟通的感觉，比现实中的人际关系更真实，更能坦诚地表达自己的感受。

网络聊天依赖于现实生活的同时又是对现实生活的一种延伸，这种延伸集中表现为网络对生活世界时空的延展。虚拟的网络聊天克服了现实聊天的空间制约，使得聊天的空间大大扩展了。

儿童好奇心强，求知欲旺盛，通过网络聊天，他们可以取长补短，交流学习心得；而且网络聊天不受时空限制，满足了儿童了解外界事物的强烈渴求，还能结交志趣相投的朋友。和20世纪七八十年代流行的交"笔友"相比，网络聊天给儿童带来了更多选择。网络聊天还可成为儿童释放压力、宣泄情感的方式。与现实社会、学习生活的高压力相比，网络社会给他们提供了无拘无束的自由开放的精神空间。许多儿童内心深处的一些平时不愿对老师、家长倾诉的烦恼，甚至是小秘密，都喜欢在网上聊天时向社交媒体倾诉。在倾诉交流的过程中情感得到了宣泄，压力也得到了一定程度的缓解。

21世纪，随着互联网和移动互联网技术的发展，包括书籍在内的传统媒体都有不同程度的萎缩，而形式繁多、内容丰富的电子媒介大行其道；而在近两年，人工智能技术又有了质的突变，它给各行各业都带来了冲击，也包括书籍的创作、出版和阅读。电子媒介和人工智能两项发生在数字化领域内的技术变革，一定会重新定义我们的未来，在相当长的一段时间内也将成为人类各项文化事业发展的重要变量和大背景，儿童阅读也一定要在这个视野下重新审视。

第一，知识和观念生成的方式。互联网时代的儿童阅读将不但关注各种各样的知识和观念，更关注它们生成的方式。在AI技术提供的阅读帮助下，阅读活动对儿童来说将变得更便捷，更开阔，也更有效率。在特定阅读话题或兴趣的标签之下，孩子不但可以快速找到对应的需求文本，也能够利用AI强大的信息支撑，针对文本中的任何疑虑或关切展开富于创造性的深入探究。这样的探究性阅读，将成为互联网时代儿童阅读的基本方式。随着儿童更清楚地认识和看见文本中知识和观念的由来，一种较为成熟的知识观将在童年时代更早得到有效的塑造，从而更好地促进个体创造力的培育和激发。

第二，情感理解与精神体验的深度。近年来 AI 探索的实例证明，过去被认为是人工智能难以收编的文学和艺术，其神秘性正随着 AI 技术的发展不断消解。不久之后，对 AI 来说，从事一般的文学和艺术创作就将不是难题。到那时，今天市场上的大部分童书，或许都可由 AI 创作完成。但也有一部分童书，将在 AI 时代不断显现出其只能由卓越作家创作的本性。这些童书以其富于创造性、独具个性且与表达内容融为一体的语言方式，带我们深入童年丰富的情感与精神世界。我们每个人小时候都经历过这个世界，却鲜有人能用文字带我们如此准确、深刻地理解它。这样的准确、深刻，来自人的身体（同时包括肉体和精神）对现象和经验的某种神秘领会与穿透。

第三，语言、文化之于人的特殊意义。在互联网时代，优秀的、人类创作的童书应该还会拥有一副向来朴素、浅显的语言面目，但同样也会带领孩子认识、重温人类语言的神秘意义与价值——只有人类的感悟和直觉才能抵达的境界，人工智能的算力将会被排除在这种只有人类才能懂得的神秘默契之外。另外，古往今来，儿童阅读的要义之一就是要维系、保存语言的"居住感"和"家园感"，语言作为人类的文化标记，不但是重要的表达和交流工具，更在某种程度上定义、建构了人的生存状态，通过语言我们得以实现、抵达关于人存在意义的洞察与领悟，并由此获得自我存在的重要确认与慰藉，我们"居住"于语言中，如同居住在家园里，充盈，自在，安宁，儿童文学的这种功能尤其重要，并且将长期存留下去。

（四）对手机媒介的信息需求现状

在手机用户低龄化发展的同时，专为 12 岁以下儿童设计的儿童手机成为各大手机厂商竞争儿童市场的新手段。从 2001 年开始，韩国、日本以及欧洲都陆续出现了儿童手机的概念产品，其主要特点为：外形大多是富有童趣的卡通图案，没有数字键，所有按键设置非常简单，易于操作；特别研制了限制拨打功能和限制讯息接收、发送等功能，避免儿童受外界过多干扰。目前，摩托罗拉、西门子、TUKA、Aerodon 等公司都已经在欧美市场推出了儿童手机产品。据中国青年报社社会调查中心联合问卷网对 1939 名中小学家长进行的调查显示，93.4% 的受访家长给孩子配备了手机，其中初中生和一线城市受访家长给孩子买智能手机的情况最多。另外，2022 年发布的

《2022 中国游戏产业未成年人保护进展报告》显示，9 岁及以上未成年人的手机持有率达到 97.6%。这些数据表明，在中国，儿童拥有手机已经相当普遍。手机之于儿童，不仅是一个交流工具，已经成为开发儿童好奇心和发展探索精神的窗口，甚至已经取代了传统的儿童玩具成为"高级玩具"。在手机世界里，儿童是主人，是操控者，不仅有人际互动，还能自我创作，他们的生活因手机而精彩，手机也因他们被赋予了更多的生命力。

调查显示，70.4% 的学龄前儿童已经开始接触并主动使用手机等移动终端。在这七成已经使用移动终端的学龄前儿童中，最早接触移动终端的时间集中在 3 周岁，占到 34.53%；4 周岁开始接触并使用的，占到 21.13%。另外，在"触网"的孩子中，有很大一部分已经拥有了自己的专属设备。其中，拥有率最高的是平板电脑（18.7%），其次是儿童手表（18.25%），再次是手机（14.39%），拥有其他设备的占 4.77%。在已经"触网"的孩子中，有 68.47% 会使用手机等移动终端看动画片，位居首位；紧随其后，有 41.18% 的孩子会用手机等移动终端刷短视频；再次是拍照、拍视频（25.7%）。此外，上在线课（19.54%）、学习手工制作（18.84%）、打游戏（17.6%）等也是儿童使用移动终端的重要内容。

流量时代下，儿童用手机打电话的频率是越来越少，许多人选择了用聊天发消息代替了手机通话和发短信。同伴之间的联系多以发消息为主，与家人或许更多的是语音、视频通话。最后，小学生在面对外在信息时，大多不予以理会，或"挂掉"或"删除"，但广告营销手法多样，小学生仍会在不自觉地情况下消费。我们在实证研究中也发现，小学生的手机使用情况与中国台湾的情况相同，大部分青少年每天惯常使用的手机功能依次为短信、上网、打电话、听音乐等，其中使用手机的电话和上网功能最多，很多学生在上自习时也同时用手机上网挂着 QQ。作业做完了，但是自习时间还没结束，就可以上网看电子书或聊天。手机上网已经非常普遍，很多学生用手机上网看小说、新闻、挂 QQ 聊天。更有甚者，有一个被试几乎不用除了手机上网以外的其他功能，基本上把手机当成电脑来用。

手机让学生的校园生活更加多彩，通过 WIFI、蓝牙等功能，为学生学习信息资源共享提供了便捷，也丰富了他们的人际关系。因为它，儿童文化得到了更直接地体现，不管是流行语文化、自拍次文化，还是偶像崇拜现象都体现着儿童的精神面貌，为他们的心灵打开了一扇窗。

第四节　儿童媒介发展的理性思考

儿童从自然人转变成社会人的过程中，儿童媒介发挥着重要的作用。那么从狄尔泰"体现—表达—理解"理论出发，儿童媒介的价值何在呢？儿童媒介应坚持怎样的价值取向呢？

一、儿童媒介是儿童体验人生的平台

狄尔泰认为，生命是个体不断体验自身、他人和他物的过程，是得到各个个体体验的一种完满状态、多样性状态和互动状态。在体验流中有中心，那就是"我"。我作为主体，与对象之间的关系就是体验，主体全身心地投入到对象之中，客体也以全新的状态与主体构成新的关系。儿童如何去体验自身、他人和他物呢？很多时候，儿童就是通过玩具、图书、电视等媒介，在一次次的看似玩耍、不经意的体验中发展自己。儿童是体验的主体，媒介是介质，富含人类感性积淀的媒介内容是客体，儿童全身心地投入体验，与客体构成一次次全新的关系。这种体验是儿童生理与心理，感性与理性，社会与历史等方面的复杂交流运动。这种体验正如狄尔泰所言："它不是一种简单的'经验'，它是一种'知、情、意的统一。'"那么，作为媒介，我们该如何满足儿童这种知情意的体验呢？

现今，我们在儿童图书市场上能看到，儿童图书五花八门，各种游泳书、洞洞书、玩具书、翻翻书、布书、触摸书、仿真书、立体书等不断涌现，儿童阅读已经不是简单的传统意义上的阅读，而是全新的丰富的体验。

二、儿童媒介是儿童表达自我的渠道

在狄尔泰看来，任何个人的体验都是有限的。我们需要表达和被表达，通过表达，每个人积极地再创造个人经验。因为有了表达，个人经验可以上升为人类经验，共享人类共同体的精神成果，使得人类生活在全体的推动下走向完善。

研究学者上官海青认为[①]，媒介正是具有这样的功能和价值，通过它，

[①]　上官海青. 儿童传播学［M］. 上海：上海交通大学出版社，2014；127－138.

人类能够将个人的体验进行表达，从而达到共享，媒体正是将人们共同体验的精神成果进行体现的渠道。不管是图书、期刊，还是电视、网络，无不凝结着人们的人生体验。人们通过媒介这一载体进行表达。这几年媒介注重了表达与被表达的双向传播，也就是让受众在接收体验的同时，鼓励受众积极地表达自身的体验。比如，动画片《爱探险的朵拉》巧妙地设置了互动环节，在适宜的位置、适宜的时机巧妙地向孩子们提问，自然地引导孩子参与问答环节。

三、儿童媒介是儿童理解他人的载体

狄尔泰认为，体验通过表达之后，还需要理解，因为只有理解了，人们才能准确把握意义。理解是一种特殊复杂的精神活动，是一种意义贯通。理解的基础是"共同人性"，要实现这种可能性，狄尔泰认为，必须具备爱与同情心，只有这样，人们才能真正心灵相通，达到真正的理解。由此笔者认为，从事儿童媒介工作的媒体人应该具备对儿童的爱和同情心，树立起"儿童本位"的媒介观，从儿童角度出发，做好儿童媒介。

在具体操作层面上，媒介如何帮助人类做到意义贯通？首先媒体要准确地把握意义，在编码时，收集的信息应该正好符合传受双方的需求，达到传受双方的"共通的意义空间"。其次，在解码时，用恰当的符号进行表现，特别是儿童媒介，要选择深受孩子喜欢、切合孩子传受心理的语言符号与非语言符号。最后，通过合适的媒介进行传递，同一内容不同的媒介，传播效果不一样。

第五节　儿童媒介信息素养

随着科技的不断发展和进步，互联网得到了前所未有的发展，传媒行业随即转型升级，人们获取信息的渠道逐渐由传统媒体转向新媒体。特别是全媒体时代的到来，媒体布局、信息生态、信息传播方式都发生了深刻变化，信息无处不在。2023年，中国社会科学院新闻与传播研究所及社会科学文献出版社在张家港共同发布的《青少年蓝皮书：中国未成年人互联网运用报告（2023）》显示，全国互联网普及率仅达到76.4%；未成年人触网低龄化趋势明显，10岁以前首次"触网"的未成年人占比达52%，较上年提高

7.4％；并且城市未成年人"触网"年龄整体早于乡村①。儿童作为新媒体的受众群体，思想意识和心智还不成熟，面对庸俗化、暴力化、惰性化的负面信息往往"照单全收"；缺乏对网络信息的鉴别能力和自制力，容易将错误、诱导性的网络信息当成现实生活的真实存在，成为娱乐化内容的俘虏，陷入社会认知的"迷雾"。儿童群体作为"数字原住民"一代，生活在信息传播渠道、传播技术手段极为丰富的时代。童年期是一生中的重要时期，是人社会化的开始，也是世界观、人生观、价值观形成的黄金时期。如果不对其网络与媒体使用行为加以正确引导，则会影响其健康成长。因此，提升儿童媒介信息素养尤为重要。

一、媒介信息素养的研究与发现

媒介信息素养（MIL）是在各种媒介下获取、理解、创造和传播信息的能力，全媒体环境下如何利用好媒介工具是个人发展与社会进步的关键。因此，了解当前儿童媒介信息素养状况、开展媒介信息素养教育，进而提升儿童媒介信息素养水平等问题显得十分重要，而媒介信息素养影响因素的发掘成为解决这些问题的基础。②

胡雅萍、周洁、孙萌③认为儿童媒介信息素养提升是一个双向过程，儿童媒介素养意识的产生是一个内外共同驱动的递进过程，一方面需要儿童充满求知的欲望，不断提升自身素养，吸收和采纳更多丰富的媒介信息知识；另一方面需要外界提供源源不断的关注与鼓励。因此，提升儿童媒介信息素养可以从内在和外延两方面进行：

内在方面，需要家长主动关注儿童个体特征，鼓励儿童树立媒介信息素养自我培养意识。自我培养是指儿童有意识地控制和提升自我的媒介信息素养。相对于学校和社会培训教育，这是一种积极主动的行为。通过访谈发现，儿童具备好奇心强、探索欲望强烈等特征，对于媒介操作上的困难，在求助父母老师之前，往往喜欢主动探索解决。因此，家长应有意识引导儿童，对其有价值的媒介探索行为予以鼓励，帮助其科学地接触和选择媒介，

① 中国社会科学院新闻与传播研究所，社会科学文献出版社．青少年蓝皮书：中国未成年人互联网运用报告（2023）[R]．2023.9.16.

② 李金城．媒介素养的测量及影响因素研究 [M]．上海：上海交通大学出版社，2017：1—3.

③ 胡雅萍，周洁，孙萌悦．全媒体视域下儿童媒介信息素养影响因素研究：基于 Nvivo11 的质性分析 [J]．大学图书情报学刊，2019，37（6）：7.

培养其批判性思维能力、动手能力和独立思考能力。

外延方面，需要建立起"小家庭＋大社会"的培养环境。家庭是儿童赖以生存的首要环境，父母也是儿童模仿学习的对象。因此，营造健康和谐的家庭氛围至关重要，父母除了需要在养育儿童方面投入足够的陪伴与关爱，也需要树立自身媒介信息素养意识，规范媒介使用行为，以身体力行的方式为儿童树立榜样。同时，及时了解媒体发展在儿童知识模式、态度、情感、行为等方面的重要性，认识到合理利用多媒体能帮助儿童开拓眼界、增长知识，帮助儿童在媒介接触目的、方式、使用时间上形成良好的自我管理能力，不应一味限制儿童使用时间，而应努力帮助儿童提高媒体使用效率。从学校层面，需要重视学生的信息教育，可以借鉴当前国际主流儿童媒介信息素养培养框架，利用更加系统化的教学培训手段，指导学生高效使用媒介、利用信息。通过提供丰富的多媒体硬件设施、优质的师资力量，在课程设置、教学内容、教学手段上不断丰富，在评价标准方面不断优化，帮助学生搭建提升媒介信息素养的通道。从社会层面，需要政府部门主导并联合社会团体、学校、学术机构制定具有针对性的儿童媒介信息素养规划，并承担、开展、推广计划实施、教育普及等工作，出台媒介信息素养相关政策、法规，为儿童媒介信息素养提升提供政策保障。同时，倡导营造和谐健康的大众媒介氛围与舆论环境，为儿童营造良好的媒体空间。

二、儿童媒介素养教育实施的可能路径

儿童媒介素养的发展始于家庭，因为儿童还不能独立过马路的时候，故事书、电视等多种媒介已经带领他们穿越了整个世界。因此，儿童媒介素养教育必然是合作共担的事业，需要家庭与学校联手共进。

第一，家庭教育：良好的媒介习惯与意识的养成，各种媒介的广泛存在，让儿童能够从父母和其他成人之外获得大量信息，进而获得与成人互动时的信息反哺能力和话语权力。人们往往担心儿童会被媒介技术和媒介信息控制和征服，这种忧虑其实是多余的，因为媒介的影响受到很多相关因素的作用。家长能够借助对儿童媒介接触习惯的培养、借助对媒介的选择和阐释来调节媒介影响。一方面，家长可以引导孩子形成平衡的媒介接触与使用习惯，共同确立合理的媒介使用规则。让各种媒介体验、同伴交往和户外活动等共同构成儿童的丰富生活，这样儿童就不会沉迷或过度依赖某种媒介尤其是电子媒介，能够更好地区分虚拟世界与真实世界，能够主导自己的媒介使

用习惯和效果。

另一方面，家长最好能够知悉和参与儿童的媒介接触内容与过程，并就媒介信息来源、媒介内容、制作技术甚至是审美与价值观念进行交流，促使儿童能够更好地提升媒介分析、评价与解读能力。

第二，学校教育：可持续的媒介素养的养成。儿童在学校里的媒介使用主要围绕学科学习活动展开，而在校外大多数儿童的媒介使用主要是休闲娱乐。相对封闭固定的学校教育与相对开放自由的儿童媒介使用现状之间形成较大落差，这就要求学校在儿童媒介素养教育方面应该有所作为。

首先，学校教育对于教育与媒介的定位应该有足够清醒的认知。一方面，学校教育需要正视儿童的娱乐休闲需求，正视媒介在儿童生活中的巨大威力。但是，学校教育不能一味顺应儿童的各种媒介消费行为，需要与儿童一起了解与揭示各种媒介的优势与潜在危险，只有这样儿童在使用各种媒介时才会有必要的清醒与警惕，而不会放任自己沉溺于娱乐享受。而且，学校教育有必要将儿童在媒介使用中遇到的心灵感悟、震撼、疑虑等纳入课堂教学的主题，与学生共同探讨。

另一方面，学校教育需要反思学习是否过于狭隘、单一和程式化，进而重建对于学习的理解，重塑学校生活的魅力。学校教育需要尊重学生的学习起点、经验和兴趣，保护儿童的探究热情，珍视儿童的精彩观念，在各种学习活动中为儿童的自由创造与对话、为教师的教学探索和人格展示留出空间。

其次，学校教育需要寻求儿童媒介素养教育的实施渠道。事实上，在儿童媒介素养教育这个术语未被提及时，已经有老师出于教育直觉和职业敏感在进行着相关探索。学校教育的时间与容量有限，不能什么需要就开设什么课程，简单做加法的方式不合实际也无必要。目前需要做的就是摸清与儿童媒介素养相关的各种教育教学活动，疏通与整合儿童媒介素养教育的各种通道。

一方面，在相关学科教学中渗透媒介素养的精髓。语文学科所侧重的听说读写，从某种程度上说，契合了媒介素养之解读世界与建构表达的两个维度。最难也最为诟病的写作绝非简单的技法操练，因为没有自己的哪怕是相对浅薄的思想，单纯的技法操练只会引致空洞的规范和虚假的美好。德国哲学家海德格尔（Martin Heidegger）说："唯当我们喜欢那个本身有待思虑的东西时，我们才能够思想。"儿童都是愿意听闻窗外之事的，如果教师和学生把窗外的热点事件和精彩声音移至课堂，大家相互辩论与阐释，久而久之就会形成多角度理解事件的思维方式，儿童有了自己的想法再整理成文、发出自己的真声就顺理成章了。

另一方面，信息技术课程其实也与媒介素养教育有关，主要是儿童媒介使用能力的提升，如果能够增加对技术与技术使用的批判反思，则更逼近媒介素养教育的核心。当然，儿童素养教育的学科渗透对教师的媒介素养和教学能力提出了较高要求，教师需要在日常交流和教学中察觉儿童所关注的媒介事件，而且需要具备对学科文本的深度解读与整合能力，找准与儿童这些数字媒介进行有效对话的时机与主题。

第五章 儿童信息传播内容

儿童传播中的信息是指儿童传播内容，在信息化时代有以下几个特点：

第一，内容多样性。在信息化时代，新媒体在传播内容方面更为丰富，在媒体整合方面也越来越丰富。儿童喜欢玩的 IPAD，图文音像并茂，静动态结合，儿童喜闻乐见的内容通过各种媒体形式呈现出来。

第二，内容联结性。信息化时代，儿童传播的内容往往是将文字、图片、声音、图像综合为一体，与公众在接受刺激和做出反应之间直接建立联结，信息量大，影、音、图、文并茂，并且具有较强的互动性和参与性。这种联结性使得儿童习惯于超文本的阅读，享受于微阅读或浅阅读的刺激中。

也就是说在儿童传播活动中，传播主体要思考什么样的信息对于儿童而言具有最大的价值，简单地说，儿童喜欢接收什么样的内容？上官海清在研究中发现，从传播学角度来看，可以从以下几个方面进行研究[①]：

一是接近性。传播的信息尽量能够让儿童心理上感觉很亲近。每个孩子都是不一样的。信息的接近性前提是传播主体对传播受体的接近，二者要传播那些"共同经验范围"的信息，这样才能更好地接近。

二是异常性。很多研究表明，儿童的好奇心使得他们喜欢一些新鲜反常的事物。满足儿童的异常性可以从信息的内容或者形式上去尝试，如果信息内容很平常，但是形式很特别，也可能引起儿童的兴趣。这就像是你面对一个挑食的小孩，如何让他改掉这个坏习惯呢，你可以尝试从食物的做法上变些花样，或许就能达到一定的效果。

三是趣味性。成人可以考虑给儿童传递一些有趣味的内容，提高内容的质量。儿童对于趣味是无法免疫的，儿童的天真使得他们总是能很轻易地开心，所以只要成人稍加用心，就能找到让儿童开心的东西。

---

① 上官海青. 信息化时代儿童传播中的信息流研究［J］. 新闻传播，2016（9）.

四是人情味。人情味是强调一些能够调动起人们情感共鸣的内容，使得人们为之感动、惋惜、振奋等等。儿童喜欢童话故事、动画片，因此也喜欢具有人情味的东西。作为成人可以充分利用儿童的这个特点，在他成长的合适时期传播一些令其共鸣的内容，达到理想的传播效果。比如，有本书叫《故事知道怎么办》，家长可以通过给孩子讲故事，用故事中人物的情感调动孩子的情感体验，用这样的方式进行传播。

五是显著性。在信息质量上，成人还可以挖掘一些影响儿童的、具有显著性的字词。研究发现有些孩子对大便、棒棒糖、冰淇淋等字眼有天生的兴趣。有一次，研究者在给一些孩子讲《是谁在我的头上嗯嗯》绘本，讲解中发现，孩子们对绘本里的故事并不具有浓厚兴趣，反而对大便很感兴趣，当然对小便也是一样。这就是说，如果你在日常生活中跟孩子说大便\棒棒糖或者冰淇淋等，孩子们对这些信息的重视程度会高很多，他们可能就会眼睛直勾勾地看着你，期盼你继续讲下去。

第一节　儿童对电视内容的消费与传播

一个人的儿童时期是获取知识、增长知识的关键时期。一些媒介学者通过研究发现电视在孩子的生活中的确相当重要，电视是现实与幻想之间的调节者，在儿童观测现实的行动中它是一个"决定性的源泉"。

电视文化会影响儿童的语言发展。有研究指出电视不能增进儿童的语言发展，原因在于：第一，电视主要依赖视觉刺激，强调动作、对话简短、节奏快速，但儿童多喜欢没有太多语言的节目（如卡通或动作片），因此可由电视开发的词汇相当有限。第二，电视语言不够精致，包括太多双关语、俚语、粗话，且多以夸张叫嚣或梦呓文艺腔的形式出现，无法适当地替代真实生活中的语言，不能让儿童在生活中学以致用。第三，语言的发展主要依赖与外在环境产生交互作用，但看电视只是单向传，儿童无法练习语言语法，所以终究不能像与同伴互动或游戏中一样得到语言的启发。第四，儿童的思考、创意及解决问题策略是语言学习的关键因素，但在看电视时，儿童无法进行自己的思考与创意，只是单纯享受电视情节发展中的语言魅力，无法得到语言的锻炼。第五，电视媒介有时会故意营造声音的扭曲或失真，儿童可能无法辨别其中的意义。

电视画面是电视传播的主要手段，而只要是画面的呈现，其中必然或强或弱地凝定、贮存着审美的元素。电视是艺术创作，它在把大量的画面展示给儿童观众的同时，总是力图创造一种美感。电视画面在线条、色彩、影调、构图、画面组合等方面都有着审美表现力，电视通过其特有的声画同步、视听合一的方式，将各种文化编码为儿童接受的大众文化形态，使得儿童在电视文化的覆盖和感染下塑造美、欣赏美、享受美，得到美的熏陶和人生的启迪，汲取知识的营养，使生活方式更具美和知识的内涵。

一、儿童与动画片的内容传播

（一）动画片受儿童喜欢的原因

总结诸多学者的研究，发现受儿童喜欢的动画片具有以下特点[①]：

1. 年龄相仿

儿童喜欢的动画片充满幽默与童趣，造型以可爱型为主，角色性格接近儿童观众。即使其中一些优秀作品达到了"老少皆宜"的效果，也无非是唤醒成年人久违的童心。

2. 心理接近

儿童在观看过程中会根据自己的感受来体会故事主人公细微的心理变化，认识主人公性格的多重性，从而对照自己的思维，以期找到发自内心深处的共鸣。

3. 形象相似

儿童在关心人物内心变化的同时也很关注人物的外在形象，渴望在故事中的人物身上找到自己理想的影子。而动画片中的主人公多以"偶像"资格的面目出现，外形符合儿童心目中的"榜样"标准，形象设计富于立体感和写实风格。

（二）动画片的价值

动画片的播放大多会以电视为依托，而儿童本身又是喜欢看电视的，所以动画片自然而然成为儿童生活中不可或缺的一个部分。动画片要求明确、单一的价值标准，避免含混、拐弯抹角，不允许对善恶是非问题采取模棱两可的态度，更不要说采取错误的态度。电视动画片最大的特点是教育性和游戏性的结合。它对儿童的教育是在没有成人指导下进行的，因而较之学校教

---

① 陈舒平．儿童电视学［M］．北京：北京广播学院出版社，2003：188．

育更为自然，具有更大的主动性。动画较之其他课程资源，具有直观形象、生动有趣、通俗易懂的优势。动画形象生动，画面优美，色彩斑斓，视听效果极佳，既能满足儿童的视觉渴求，又能激发儿童的求知欲。而且，动画题材多样，丰富多彩，有利于儿童开阔视野、丰富阅历、增长知识。作为一种艺术形式，动画的根本魅力在于能够产生情感力量。儿童一旦被动画中的色彩吸引，就会立即去寻找动画中的人物（包括动物）的情感，一般是从主人公的面部表情、肢体动作和行动中去寻找。因而，动画通过对儿童的耳濡目染，具有潜移默化的陶性冶情之功用。世界上许许多多优秀的动画作品，其观众面甚至能够涵盖不同知识层次和社会阶层的男女老幼。

黄会林等对未成年人电视收视行为的调研发现，近半数受访的未成年人每天观看动画节目的时长在半小时以内，而目前动画节目一般长度为15—30分钟，说明未成年人对自己感兴趣的动画节目完全拥有收看这些节目的时间。随着年级增长，每日收看动画节目时间在2小时以上的受访者数量递减，而在半小时以内的受访者数量递增，说明年龄越小的儿童，越容易被电视上播放的动画节目吸引。

唐晓娟研究了动画片与幼儿之间的关系，指出两者之间是一种伙伴关系，动画片是幼儿成长的伙伴，同时又参与营造了幼儿的生活世界，在他们的成长中起到了重要的"伙伴"作用。

现代幼儿的生活世界和动画片形影不离，一方面，电视的大范围普及、电视节目内容的空前丰富、城市人群之间的交往日益减少以及家长工作节奏和工作压力加大等诸多因素的存在，使得动画片在家庭中成了一个事实上的babysitter，陪伴幼儿度过在家的孤独时间。另一方面，现代幼儿无时无刻不与动画形象面对面，动画形象在幼儿的生活中处处可及，获取途径以及内容的极大丰富，保证了动画片作为幼儿"玩伴"的角色的存在，动画片陪伴幼儿度过短暂而珍贵的童年时光。

（三）动画片对儿童的影响

近年来关于动画片对儿童影响的研究，多集中在动画片对儿童社会性发展的影响这一方面。下面就动画片对儿童的反社会行为和亲社会行为的影响进行简要论述。

1. 动画片对儿童的反社会影响

对于动画片给儿童成长带来的弊端，总是人们讨论得最激烈的部分。在动画片对儿童可能产生的不良影响中，最为常见的可归纳为以下四种：

第一，儿童长时间收看动画片就减少了户外活动，使他们失去了很多与真实生活接触的机会，在一定程度上会影响儿童的言语和沟通能力。

第二，长时间看动画片，对儿童的身体健康会造成一定的伤害。

第三，儿童具有强烈的模仿欲望，动画片比真实的故事更能引起他们的兴趣，而他们辨别信息的能力没有完全形成，特别是年龄小的儿童几乎没有辨别真伪的能力，对行为与其后果间的联系也不甚了解。那些充斥暴力行为的动画片会使儿童形成暴力合理化的认知。

第四，对民族文化认同感的缺失。纵观当前的动画片市场，日本、美国的动画片占据了相当大的份额，同时也紧紧抓住了儿童的心，孩子被充斥着大量西方文化的动画片所吸引，在无意识中被灌输了西方价值观，而忘却了民族文化的精髓，这对民族文化的传承和社会未来的发展是很不利的。

其中，动画片中的暴力对儿童攻击性行为的影响受讨论尤多。这一方面是由于电视节目出现暴力情节的现象很普遍，作为儿童专利的动画片也不例外，它是儿童所能接触到的包含最多暴力元素的事物；另一方面是由于儿童认知能力正在发展过程中，无法做正确的道德判断和分析思考，需要一些客观的研究来为儿童的成长做出正确的指导。

我国学者任频捷采用焦点组访谈的方式，研究了动画片对中国儿童暴力倾向的影响：第一，发现动画领域中具有严重的"后殖民"倾向，外来动画片占主角。第二，这种具有暴力倾向的动画片通过电视、影碟和卡通画等方式传播，具有极大的感染力。第三，儿童处在心理的成长期，或者说处在道德的"他律"阶段，认知能力有限而模仿能力极强，动画片中的暴力因素对他们不仅有潜移默化的影响，并在实际生活中增加了他们行为中的暴力倾向。第四，这个问题没有受到审查机构、媒体以及家长或老师的认识，因此导致孩子们对动画片的接受没有任何抗拒。如何制作出吸引儿童又对儿童的成长有帮助的国产动画片，是动画工作者需要探索的问题。另一方面，在信息爆炸的现代社会，教育者和家长也应该有一种意识，培养孩子辨别信息好坏的能力。

尽管大多数儿童明白动画片中的暴力冲突是不好的行为，不过儿童却容易被这种暴力情节吸引。儿童对卡通暴力内容的认知包括"动作暴力"和"语言暴力"两方面，其中多半集中在动作暴力方面，且儿童普遍认为动作暴力比语言暴力严重，儿童不仅考虑行为的严重性，更兼顾施暴者的动机来加以比较。儿童对于卡通暴力行为的看法不同。林好芳（2005）研究发现，儿童区别暴力情形是否严重的最大依据在于"内容是否真实",一方面接收卡通的暴力行为,另一方面对于暴力内容也有自主的解读想法的儿童占多数,完全被动及能主动解读的儿童属于少数。[①]

从各种研究可以发现,动画片中的暴力元素集中表现在从日本、欧美引进的动画片中,而这类动画片占据动画片市场很大的份额,同时又深受儿童喜爱。根据班杜拉的社会学习理论,观看了电影或电视上的暴力行为,即使年幼的儿童也会习得攻击他人的种种方式。动画片是儿童接触最多、最喜爱的电视节目,生动活泼的动画角色更容易成为儿童的模仿对象,儿童常常会很自然地将动画角色的行为带到真实生活中,暴力攻击的行为更以其独特的吸引力,成为儿童喜欢模仿的行为。此外,研究还发现接触电视暴力对儿童不仅有即时的影响,也会有待续作用。美国哥伦比亚大学精神病学杰弗里·约翰教授领导的研究小组进行了一项长达17年之久的研究项目,发现处于青春期的未成年人每天看电视的时间如果超过一个小时,其成年后产生暴力倾向的可能性将增加一倍。所以动画片中的暴力确实是一个值得关注的问题。

2. 动画片对儿童的亲社会影响

在研究电视对儿童社会性行为影响的初期,研究者都会比较关注电视对儿童攻击性行为的影响,而事实上,有一些优秀的电视节目,尤其是适合儿童兴趣的动画片,能够帮助促进儿童的亲社会行为。

亲社会行为通常指对人或社会有益的行为,如分享、助人、合作等。这是人类普遍的一种社会现象,对个体的发展、人类的生存以及社会的进步具有极其重要的作用。从习得论的角度看,儿童亲社会行为的发生和发展是一种社会化的过程。在这一过程中,儿童学会社会所认可的行为方式,成为社会成员。影响儿童亲社会行为形成的因素很多,包括社会文化、家庭、学校、同伴群体等。但随着电视力量的不断增强,其对儿童社会行为的影响也越来越明显。这既体现在它对上述的攻击性行为形成的影响上,也体现在亲社会行为形成的影响方面。

在动画片里,往往蕴藏的是一个个全新而魅力无穷的阿里巴巴式的"神秘宝藏",画面美轮美奂,情节精彩跌宕,人物活泼可爱,因此观看动画片

① 陈静音. 国小儿童对卡通节目暴力行为之解读与社会真实性认知之研究 [D]. 屏东:台湾屏东师范学院,2002.

对儿童的身心成长也有很多正向的意义。首先，动画片能带给孩子快乐。在节奏飞快的现代社会，儿童的压力也很大，孩子们看动画片时的喜悦是发自内心的。在高楼大厦林立的城市，孩子越来越缺少伙伴，动画片算是对当代儿童心灵的补偿。第二，动画片能培养孩子的幽默感。滑稽、幽默是儿童动画片的基本要素之一，儿童每天看动画片，耳濡目染，就算学不会创造幽默，也乐意接受且印象深刻。第三，动画片有助于儿童想象力的开发。动画片里的故事一般都充满了奇思妙想，对儿童想象力的开发非常有益。第四，动画片形式的教学可以帮助孩子更好地学习，满足孩子的求知欲。从儿童蹒跚学步开始，他们的视野越来越宽，对人和物的好奇心和兴趣也越来越大，他们喜欢问为什么。在看动画片的过程中，儿童能找到很多问题的答案，而且这些答案非常形象生动，孩子更容易集中注意力，更容易接受，在玩中学到知识是最适合孩子的。第五，优秀的动画片是一片净土，能净化儿童的心灵。宣扬真、善、美的动画片给儿童提供了可供模仿的榜样和群体的一些行为规范，能促进儿童是非观念的形成，培养儿童良好的道德品质。

路晨研究了动画片对幼儿交往能力的影响，发现在观看动画片的过程中，通过对幼儿进行教育指导以及组织他们参加相关活动等，幼儿交往方面的积极行为增加，消极行为减少。另外，还发现家长关于动画片对幼儿交往能力影响的看法，对发挥动画片对幼儿交往能力的积极影响具有重要作用。权威型家长更能够发挥动画片对幼儿交往能力的积极影响，并抑制其消极影响；矛盾型家长在此方面的观念与行为次之；冷漠型家长表现相对最差，他们在很大程度上抑制了动画片对幼儿交往能力发展的积极影响。有研究表明，观看过动画片中表现助人为乐、合作行为和共享行为的儿童，在看完节目后，要比没有看过节目的儿童产生更多助人为乐、合作和共享的行为。

二、儿童与电视广告片的内容传播

儿童的成长离不开社会大环境，而广告恰恰是现代社会商业环境中的重要组成部分，是儿童认识社会的一个窗口。电视广告以其色彩丰富的画面展示出诱人的魅力，短短几分钟内，天南海北，古今中外，珍禽异兽，应有尽有。在有限的空间内，儿童可以看到火车、轮船、飞机，认识各种各样的动物和植物，认识各行各业的伟人……这些都极大地满足了孩子的好奇心，开阔了他们的视野。研究表明，不同年龄、家庭背景的儿童在成长过程中都会受到电视广告的持续影响。电视广告对儿童具有强烈的导向作用，这种导向既是商业的，又是文化的；既是物质的，又是精神的。

（一）电视广告对儿童语言习惯与抽象思维的影响

在儿童的成长过程中，随着能力发展和经验增加，他们会逐渐感受到广告的影响，对广告的理解也在变化。

电视广告可以培养儿童的语言能力。许多研究表明[①]，无论在实验室情境下，还是在自然生活条件下，儿童都能从电视中学习到新的词汇。很多广告词为儿童学习语言词汇提供了机会，像"好东西要与好朋友分享""康师傅方便面，好吃看得见"等等，孩子会在无意中丰富自己的词汇。但是，许多广告人喜欢在广告的文字上下功夫，借用、改用成语、俗语作为广告词等现象一度流行，儿童耳濡目染，势必会造成误导。

电视广告对儿童思维的影响不容忽视。儿童处于生长发育阶段，他们的思维方式和行为方式最显著的一个特点就是模仿。电视广告直观而动感的形象、奇妙的构思、逼真的动画设计、悦耳的声音，将一个丰富多彩的世界呈现在儿童面前，成为他们模仿的对象。由于儿童的心理发展尚未成熟，缺乏独立判断的能力，可能会将广告情境照搬到生活中去，用广告的标准与模式对待现实生活，极容易造成心理和性格的不完善，长此以往还可能形成定势思维，习惯于画面式地接受形象和信息，忽视阅读和思考，导致抽象思维的退化和衰减。美国国家改进电视基金会（The National Foundation to Improve Television）认为，电视广告对儿童潜在的负面影响甚至超过了暴力节目。[②]

（二）电视广告对儿童消费心理与行为的影响

电视广告的直接目的就是销售产品。我们在对小学低年级段的调查中发现，有些儿童在超级市场购物时，只选择自己在电视上见过广告的品牌，尤其是在他们购买零食或饮料时，大多数儿童只购买广告中出现的商品。例如，果冻就买"喜之郎"这个牌子的，牙膏就要买"牙牙乐"，牛奶只认准旺仔牛奶等等。1992 年一项针对儿童的电视广告内容分析表明，出现在美国电视屏幕上最多的儿童电视广告种类是：玩具、谷类食物、零食、快餐以及健康食品，据北京一家调查公司关于儿童消费的调研报告显示，近年北

① 彭聃龄，张令振，陈华峰．学前儿童观看电视情况调查报告 [J]．中国广播电视学刊，1992（5）：58—62，65.

② 陈伙平，吴振东．试论儿童电视美术片对幼儿心理发展的正向功能 [J]．福建师范大学学报（哲学社会科学版），2003（6）：38—141.

京、上海、成都和西安 0—12 岁的儿童约 400 万，平均每户家庭儿童的月消费 897 元。月消费总额近 40 亿元。以上数据充分说明儿童是一个庞大的消费群体。所以在做儿童用品广告时应该把儿童作为主要的诉求对象，儿童电视广告当然也不例外。

总的来说，电视广告对儿童消费心理与行为的影响有：

第一，电视广告能够满足儿童的信息需求，增长知识。广告作为媒介内容的重要组成部分，能够提供大量的商品信息，满足儿童对信息的心理需求。同时，通过广告对不同商品特征及用途的介绍，儿童可以比较各种商品对自己的适用性，提高辨别能力，促进心理发展。

第二，电视广告丰富儿童的生活。电视广告画面优美，声音悦耳，有些广告还有情节内容，不仅具有较强的促销力，也具有较高的审美价值，丰富儿童的生活，给儿童带来超越现实生活的感官享受。

第三，电视广告刺激儿童的购买欲望。电视广告以各种手段和方式刺激人们购买商品的欲望，尤其是食品广告使儿童无法抵制广告的诱惑。儿童在现代社会中所扮演的角色有很大变化，作为核心家庭的独生子女，面对心仪的商品，儿童会主动要求购买。同时，儿童对家庭消费的影响越来越大，如会建议家长购买某品牌的家用电器，去某地休息度假等。而且，儿童作为一个庞大的消费群体，其消费能力随年龄增长而逐渐增强，在儿童阶段形成的对某些产品和品牌的态度会潜移默化地影响到他们成年后的消费心理。

第四，广告助长了儿童的攀比心理。一些广告中对消费的溢美之词，难免会使儿童对物质消费产生过度的追逐与顶礼膜拜。这些电视广告刺激儿童产生购买欲望，久而久之就会促使儿童形成物质消费至上的观念。广告中经常出现这样的画面：其余的孩子对拥有某个商品的孩子投去赞美、羡慕的目光。这种不断重复的画面，无形中让儿童形成一种意识，拥有某种商品可以获得同伴的赞美，让自己有种优越感。例如，穿衣服就要小熊维尼、米奇……在这种意识的长期强化下，儿童的攀比心理不断得到肯定，进而去购买电视广告中出现的商品，满足自己的这一心理。

（三）电视广告对儿童社会性发展的影响

电视广告不仅为儿童提供了视觉上的享受，也为儿童提供了学习普遍社会价值的机会。电视广告开阔了儿童的视野，帮助儿童了解社会生活、增长知识，向儿童打开了认识各种商品的窗口。电视广告也为儿童呈现了许多社会角色的行为模式以及相应的价值观、行为方式，这些直观信息的刺激对儿童的社会性发展有着不可忽视的影响。电视广告时间短，内容丰富，太多的感官刺激会不断改变儿童正常的感知反应能力，使儿童注意力发展受到影响。电视广告中大量暴力镜头的出现，成为儿童模仿的对象，对自身及他人的安全带来隐患。电视广告对儿童社会性发展的影响存在于方方面面，这里主要讨论如下两个方面：

1. 性别刻板印象

性别角色是由于人们的性别不同而产生的符合一定社会期望的品质特征，包括男女两性所持的不同态度、人格特征和社会行为模式。刻板印象是一个意识形态的概念，指人们凭借一些未必符合事实的简介资料，组织、形成对某个社会群体过分简单化、滞后于现实变化并会根深蒂固地支配人的行为及思维的概括性看法。

性别刻板印象将性别划分为男女两性，并以简化的片面特征来区分两性，一切以性别为分野标准，赋予男女各自不同的定型化的特质，包括性格、形象、智力、社会分工、家庭角色、生活方式等。例如，认为"男性能力天生比女性强"，认为男性是强者，他们独立、无情、客观、理性、有事业有成就，而认为女性应该是弱者，她们感性、温柔、善解人意，只能以家庭为生活中心等。

我们可以看到，从广告诞生起女性形象就在广告中占有重要地位。电视广告通过某种社会生活情境的展示，使主人公以特定的角色出现，影响人们对某种社会角色的认同，进而导致人们对这种角色的模仿，尤其是尚未养成正确判断能力的儿童。

2. 道德认知和道德行为

道德认知主要指个体对道德知识和道德评价标准的理解和掌握。儿童时期是道德认知发展的关键时期，儿童生活在现实社会中，对其道德认知发展的影响除了家庭、学校、同伴以外，还有外界社会因素。由于缺乏对信息的完全认知和判断能力，当广告信息大量涌来时，儿童很难进行好与坏、是与非的判断，电视广告中蕴含的价值观就会对儿童道德观产生复杂的影响。

第一，电视广告会刺激儿童崇尚物质消费。我们经常会看到电视广告中子女流露出的满足往往是建立在父母给予一定的物质享受的基础上，电视广告中这种过度物质的宣传与赞赏，或许会让孩子形成以是否满足自己的物质需求来衡量父母或者其他家庭成员好坏的观念。

儿童之所以如此坚持己见是因为他们几乎不明白广告的意图，常常认为广告是提供有用信息的大众服务宣传。9—11 岁的儿童大多数能够认识到广告的诱导性和促销性，13—14 岁的儿童对广告和产品宣传有了怀疑态度。

第二，电视广告会促使儿童形成自私的观念。一些电视广告中你争我抢、互不谦让、独自占有商品来赢得他人的赞誉和羡慕的场面，会在一定程度上强化儿童作为独生子女的自我意识。当儿童用反复要求和最后通牒对父母软缠硬磨时，儿童已成为施压专家。一些电视广告通过兜售广告词向儿童灌输诸如"向你妈妈要……"或"你爸爸妈妈不知道，你得告诉他们去买……"等等。研究表明，父母拒绝孩子的购物要求，从而引发孩子与父母之间的冲突和争论的概率是 65%，由此还会引发一些反社会的偷窃、反叛行为。

第三，电视广告会促使儿童降低自我概念。广告也可能会使消费者感觉到自己的不完美，降低自我概念，当这种不良的自我概念无法因使用产品而提升时，对个体将有较大的负面影响。芬兰的法院曾下令禁止一则麦当劳广告在电视上播出。广告描述了一个小男孩因搬到新家而闷闷不乐，突然瞥见麦当劳就在转角，立刻眉开眼笑。法院认为这个广告可能会误导儿童，以为麦当劳可以取代朋友，赶走孤寂，所以做出禁播的判决。这样的做法值得我们思考。

第四，电视广告还会促使儿童心理早熟，使儿童过早建立成人化的人际交往标准和异性交往价值观，这也是当前电视广告面临的较多指责之一。如电视广告中频繁出现的请客送礼、拉关系，通过物质交往去获取利益和友谊等。儿童电视广告中也在表现着这些成人世界里庸俗的东西，如"送爸爸，送妈妈，送老师，送朋友……"，反反复复强调着送礼意识。还有一些广告不顾儿童的身心发育特点，设置一些情爱画面和文字，使情歌与恋爱式的亲密行为和语言过早地在儿童世界中流行。

由此看来，电视广告对儿童心理发展的各个层面都有影响。作为家长或者教师，要有效地引导儿童利用广告，分析广告中的信息，正确接受广告中呈现的商品信息，增强儿童对商品信息的免疫度；作为广告商，在制作电视广告的同时不要忽视自己的社会责任，时时处处为儿童的健康成长着想，只有这样，才能充分利用电视广告的积极方面，努力避免其消极影响，促进儿童的身心健康发展。当然，在评价电视广告对儿童的产品知识、态度和价值观的作用时，还必须考虑其他变量的中介作用，如广告的频率、儿童的年龄、儿童的社会阶层、父母的作用等。

三、儿童与电视剧的内容传播

澳大利亚著名系列儿童电视剧《幼儿园》导演西蒙·卫普（Simon Whipp）曾对本国儿童电视剧的作用评价说："它对我们的孩子的影响，对他们言行的影响，对他们思维的影响，以及他们如何看待澳大利亚和他们自己。他们所受的影响随着他们长大成人将影响到整个民族。"创作出更多更好的儿童电视剧，意义不仅在于给孩子们提供源源不断的快乐，同时也是一种基于精神和文化意义上的拯救与呵护。从广义上说，教育并不仅仅是家长和老师的责任，为社会提供精神产品的文化部门和相关从业人员同样肩负着教育的重担。因而，儿童电视剧如何突破眼前的"迷局"，不仅事关一个产业的兴衰，还将深远地影响国家和民族的未来。

郑天虹通过对武汉和广州 12—17 岁的青少年收视兴趣调查表明，电视剧（武汉 89.2%，广州 88.1%）是中学生喜欢的电视节目。曹华用参与观察的方法调查发现，9—12 岁的儿童在收看的电视节目类型上，观看时间最长的是影视剧（64.67%），远高于其他各种节目。儿童青少年无论在生理上还是心理上都处于不成熟的时期，脆弱敏感、心情易波动、自控能力差，同时反应敏捷、接受能力强，很容易被电视剧中表面的夸大现象所迷惑，不能做出正确的判断和识别。①

（一）电视剧对儿童偶像崇拜的影响

心理学认为，偶像崇拜是一种特殊的社会新现象。它通过人们对崇拜人物夸大了的社会认知而产生光环效应，将其言行举止加以神圣化并神秘化，把个人喜好的人物看得完美无缺，从而导致高度认同、崇拜并伴有情感依恋的一种复杂的心理行为。这种现象在儿童青少年身上尤为明显，以至于偶像崇拜被认为是目前儿童群体中一个普遍又引人注目的现象。

美国心理学家埃里克森（Erikson）认为，偶像崇拜是儿童将对父母的养育式依恋移情到对生命中重要人物上的认同式依恋的表现。儿童偶像崇拜的核心问题是心理认同和情感依附：儿童从自我迷茫中走出来，需要通过对一些成年或同龄人偶像人物的认同来确认自我价值，即个人在其认知、情感和个性发展上欣赏、接受另一个人的价值观、行为模式及外表形象等，并加以崇拜和模仿。据相关研究，在中国被调查的青少年中有 50% 的人承认有

---

① 郑天虹. 初级群体对城市青少年接受电视传播的影响［D］. 武汉：华中农业大学，2003.

过特别喜欢、崇拜某个明星的经历；有 34.5％ 的人承认自己正在崇拜某个明星。其中初中生的比例达 49.3％，由此可见"偶像崇拜"早已成为儿童生活中不可或缺的一部分。

儿童处在自主意识快速发展的年龄阶段，面对学校和家庭的管束，他们产生的反叛动机和情绪日益强烈。反叛成为当代儿童偶像崇拜的基本价值取向，而相当一部分青春偶像剧中所塑造的偶像特质与儿童身心发展的阶段性特点具有很强的一致性。剧中轻蔑老师、违规乱纪的学生主角很容易引起儿童的心理共鸣，甚至行为效仿。

电视剧中科学技术手段的运用使得主人公总是光鲜亮丽，形象美好。儿童沉迷这种带有夸张和虚幻的世界，产生超现实的情感体验，并且在这种情感体验中混淆了"现实自我"与"理想自我"的差别，认为只有电视中的形象才是被人接受的，只有电视中的生活方式才是令人自豪的，结果使儿童迷恋和向往远离现实的人格形象和生活方式，沉浸在幻想的世界中，甚至影响了正常的学习和生活。

（二）电视剧对儿童性别刻板印象的影响

对性别的理解是社会文化的产物，是可以学习和改变的，对电视的频繁接触，使得大众深受电视节目中隐含的性别刻板印象的影响。从电视剧本产生制作的角度来看，电视节目在描述一个剧情事件或是描绘角色人物特质的时候，确实存在一些性别刻板印象的信息。

20 世纪 70 年代早期的性别角色社会化的研究资料证实，电视上的刻板印象对儿童有影响。王敏如对小学儿童用深度访谈和焦点团体访谈的方式，研究了儿童与电视剧中性别刻板印象的互动情形，结果发现儿童对电视剧中呈现的性别刻板信息普遍具有主动诠释的能力。也就是说，儿童的主动性诠释体现在对性别刻板知识与已有的生活经验来评估电视剧中呈现的性别刻板印象。

许多关于电视剧的研究都发现，女性常被塑造成柔弱、顺从、敏感、情绪化的性格，在生活或职业上则多描述为已婚，没有工作，以家庭为中心。国外学者 Durkin 也发现电视节目在描述男女角色时，普遍存在性别刻板印象，通常剧中男性的角色会多于女性角色，而男性多为独立积极，并且普遍拥有较高声望的职业。电视剧、电影、广告，甚至是新闻报道等电视节目在自觉或不自觉地进行着男女两性的定型化描述，儿童则在反复接受这种描述的过程中形成并强化着他们对两性的刻板印象。

第二节　儿童对网络信息内容的消费与传播

新生代的儿童接触网络的频率高、方式多、所受影响大，其社会意识、价值观念和生活方式已经或正在被越来越多的网络生活改变。网络对儿童的影响力已经超过传统媒体，成为新时代最有诱惑力的传播引擎。

然而，网络是把双刃剑，它在给儿童带来信息的同时还影响着他们的价值观、人生观，这就为儿童与网络的研究提出了一个新课题。我国对这一课题的研究刚刚起步，如何对网络传播进行更为有效地监管和运用，建构新世纪的儿童发展环境，发展新型儿童传播，在保证儿童身心健康的前提下将网络的作用发挥得淋漓尽致，显然是一个艰巨的任务。

一、儿童与网络游戏的内容传播

网络游戏是以高科技为基础，在网络时代发展起来的一种新兴娱乐形式。它将传统情节和角色刻画集成到交互的电脑软件环境中，创造了全新的娱乐模式，并发展了与之配套的新的表现手法。网络游戏已经超越了传统的媒体，成为未成年人最喜欢的媒体形式。

作为一种新兴的文化产业，网络游戏已经在中国广袤的土地上生根发芽近 30 个年头。从简单的图案游戏到 3D 手游，从单一的代理、模仿再到自主研发，现在，中国网游产业已经发展为单机、网游、多端、多人竞技等多元内容集于一体的综合数字娱乐产业。伴随着科技的不断提升，未来的游戏行业一定会带来更多的惊喜与价值。随着网络的广泛应用，其给人们带来诸多便利的同时，也给社会带来了一些负面的影响和伤害。而网络游戏对儿童青少年的危害尤为严重，堪称当今社会的"新型鸦片"，令人堪忧。

第一，荒废学业，影响前程。玩网络游戏对学生学习的影响主要体现在：其一，学生玩游戏必然要占用一定的时间，而正常的学习或课外阅读的时间就会相对减少；其二，即使不占用学习时间，而通过熬夜等其他方式玩游戏，势必会影响其正常休息，在上课听讲或做作业等学习活动时注意力不集中，学习效率会明显下降；其三，学生长期沉迷网游，其在虚幻世界的各种刺激下，进而会对学习失去兴趣，丧失学习志向和目标，思想消极，不思进取，最终随着成绩的降落，产生厌学情绪，甚至休学、退学，从而荒废学业，毁弃前程。

第二，摧残身体，损害健康。首先，儿童青少年长时间无节制地玩网游，改变了正常的作息时间和生活规律，会导致睡眠节律紊乱、食欲下降、免疫功能降低等诸多生理问题，严重者甚至会因过度疲劳或极度兴奋而发生心衰猝死等情况。其次，正处在身体发育成长期的儿童青少年，经常用电脑或手机玩游戏，长时间不活动，不运动，身体的许多器官得不到相应锻炼，身体素质会逐渐变差，特别容易患颈椎、腰椎等疾病。再次，玩游戏时，不注意用眼卫生，或眼疲劳过度，极易造成近视等疾患。而手机、电脑等电子产品屏幕上的画面颜色过亮、晃动过速，会给眼睛造成强烈的负担，重者会损伤眼睛。

第三，心理扭曲，情绪失常。网游对人心理健康的危害与对身体的损害相比，有过之而无不及。现实中人们常常发现，有些学生迷上网游后，就会变得精神萎靡，目光呆滞，情绪低落，郁郁寡欢，或沉默寡言，或自言自语，特别是性情孤僻，举止怪异，喜怒无常，有时易暴易躁，有时一个人发呆……对此，心理学家解释，沉迷于网络游戏的儿童青少年，由于长期缺乏社会沟通和人际交流，往往会把虚拟的网络世界当成现实生活，其思想、思维和情感都会与现实生活脱节，而每当回到实际生活中，他们必然会感到手足无措，无所适从，没有处理现实问题的能力，因此他们在现实问题面前总是选择逃避，极力再回到游戏中，于是形成恶性循环，长此以往，必然导致心理变化，或自我封闭，自卑抑郁，或自以为是，极度偏执，严重者会出现焦虑、情绪不稳、精神失常等状况。

二、儿童与网络聊天的内容传播

数据显示，截止 2022 年 11 月，我国 19 岁以下网民规模已达 1.86 亿人，占全体网民总数的 17.6％，其中 9 岁及以上未成年人手机持有率达到了 97.6％。很多家长发现孩子沉迷手机？是因为聊天，不仅网上和同学、朋友聊天，甚至还与不认识的网友相谈甚欢。交流是人类的基本需求，网络能满足儿童的交流需求，自尊的需求，还有对世界的好奇心。

（一）儿童网络聊天的基本特质

网络聊天是指在互联网上利用 QQ、微信和 BLOG 及各种音频视频软件，通过文字、声音或图像等方式，两人或多人进行的信息沟通和传递。注册用户可以拥有一个或若干个 QQ 号码、微信号，用户只需输入设置好的密码，就可登录进入聊天系统。人们或远隔重洋或近在咫尺，或素昧平生或亲朋好友，都可以在网上进行实时实地的交流。

就其一般性来看，这种聊天方式依然具有现实聊天的话语交流特征；但同时因为其交流介质的特殊性，又具有不同于现实聊天的特殊内容。网络聊天之所以不同于现实聊天，根源性差异在于二者的背景机制不同。现实聊天具备四个基本要素：一是参与性，聊者的身体是完全在场的，可以即时互动；二是场景设置，聊者是居于同一时空中的；三是聊者关系，聊者身份是明确的；四是心理基础，聊者会基于某种自我表达和规范遵守的心理基础。

与此相对，网络聊天因其生成机制的特殊性，表现出其自身的特质，这些特质决定了网络聊天是一种以技术为中介的新的聊天方式：①

第一，网络聊天者的身体是不完全在场的。在虚拟背景下，无论是键盘敲打聊天还是音频，抑或视频聊天，其特征都是聊天者的身体是不完全参与的。

第二，网络聊天者是基于一种"隔离"而联系起来的。由于聊天背景的虚拟性，网络聊天者在现实世界并不直接接触，而是通过机器—网络—聊天室等重重介质实现交流、对话，所以网络聊天的场景是隔离的。

第三，网络聊天者的角色是可塑的。从人际交往的角度看，网络聊天中"背景隐匿"意味着聊天者的身份不明，"空间隔离"则预示着可塑的交往情境，因此交往的角色和身份是不确定的，可以进行自主选择和角色变换。

第四，网络聊天的主导方式是"符号性"的。

第五，聊天者的形象设计和表达体现出一种"陌生意识—人格释放"特征。在"陌生意识"支配下，聊天者的心态是松弛的，甚至是无所顾忌的。这种心态会带来两种可能的后果：或者放纵宣泄，纯粹的游戏、娱乐消遣；或者幻想升华，在虚拟中获得自我实现的满足。而这两种情形本质上都是一种"人格释放"活动。

（二）网络聊天对儿童的影响

网络聊天在依赖现实生活的同时又是对现实生活的一种延伸，这种延伸集中表现为网络对生活世界时空的延展。虚拟的网络聊天克服了现实聊天的空间制约，使得聊天的空间大大扩展了。

———————————

① 辛自强，赵秀梅.青少年网络聊天特点探析［J］.首都师范大学学报（社会科学版），2008（1）.

儿童好奇心强，求知欲旺盛，通过网络聊天，他们可以取长补短，交流学习心得；而且网络聊天不受时空限制，满足了儿童了解外界事物的强烈渴求，还能结交志趣相投的朋友。和20世纪七八十年代流行的交"笔友"相比，网络聊天给儿童带来了更多选择。网络聊天还可成为儿童释放压力、宣泄情感的方式。与现实社会、学习生活的高压力相比，网络社会给他们提供了无拘无束、自由开放的精神空间。许多儿童内心深处的一些不愿对老师、家长倾诉的烦恼，甚至是小秘密，都喜欢在网上聊天时向"计算机"倾诉。在倾诉交流的过程中儿童的情感得到了宣泄，压力也得到了一定程度的缓解。

但网络聊天是一把实实在在的"双刃剑"，在给儿童的学习和生活带来积极作用的同时，其开放性、虚拟性和隐蔽性又对儿童的健康成长产生了不少负面影响：

第一，儿童正处于生长发育的关键时期，上网聊天或多或少都会减少其他课余活动的机会，挤掉体育锻炼的时间，影响身体健康。有些儿童在网上一聊就是几小时，长时间保持一个姿势会导致血液循环不畅、颈部僵硬、腰酸背痛、手指胳膊发麻等。长此以往还会导致胃痛、内分泌失调等。再加上长时间盯着显示屏，网聊还容易引发儿童眼睛近视。

第二，网络聊天的虚拟交往容易引发儿童的人格障碍，进而导致现实人际关系的非健康发展。

儿童长期处于虚拟的环境中，失去对周遭现实环境的感染力和积极参与意识，可能导致孤僻、冷漠、忧郁、不合群，甚至人格畸变。有些儿童长期沉迷于网络聊天，与家长的沟通逐渐减少，亲情慢慢疏远，家长变成了最熟悉的陌生人，孩子即使有烦恼委屈也不愿向家长诉说，久而久之形成抑郁心理。由于网络聊天具有虚拟性和自由性，从而使"快乐原则"支配其个人欲望，如有些儿童在聊天室里胡言乱语，以使日常生活中被压抑的本我欲望在这种无拘无束的状况下得到肆无忌惮的宣泄。

第三，网络聊天是造成儿童"网恋"最直接的原因。网友聊天的内容多属消遣类型，基本以网络友情和网络爱情为主题，真正进行学习探讨交流的为数不多。一旦陷入网恋，既分散了学习注意力，荒废了学业，还容易被一些心术不正之人欺骗，轻则受其不良思想影响，重则身心受创，悔恨终生。

第四，儿童兴趣广泛、追求新奇，故迫切希望了解五彩缤纷的网上世界。由于他们生理、心理不成熟，对许多事物的优劣本质还缺乏足够的识辨能力，因此，一些不法分子利用这一点，在聊天室发布一些暴力、色情等不健康的内容引诱迷惑儿童，使之上当受骗，严重影响了儿童的身心健康。

第五，很多儿童在营业性网吧上网聊天，上网费用就成了一笔不小的开支。有些儿童缺钱时就去骗、偷、抢，从此走上犯罪的道路，给社会稳定和家庭安宁造成了很大的冲击。

网络聊天对时空的延伸本质上补偿了儿童现实交往生活的一些无奈，既拓宽了聊天空间又突破了时间制约，使得儿童聊天和交往的自由度大大提升。网络聊天为儿童带来的虚拟世界本质上是一种基于现实又超越现实的新的存在领域。

（三）儿童与网络流行的信息内容传播

随着网络技术的飞速发展和互联网的迅速普及，我国的网民队伍日益扩大。网络用语越来越成为人们关注的话题。2001 年 6 月，我国第一部专门收集网络词汇的《中国网络语言词典》出版发行，这表明网络语言正以一种新的语言样式对传统语言进行补充。网络语言指与网络有关的用语，包括一般网络用语、网民在互联网上使用的词语符号以及计算机硬件术语。

1. 网络流行语的特点

第一，扩展迅速。每次重大的社会变革，会伴随观念的更新、新事物的产生，同时也会诞生一大批新词汇，互联网当然也不例外。由于互联网发展普及迅速，较之其他语言，网络语言的创新率是比较高的。为适应网络发展的需要，许多特别用语被创造出来，如伊妹儿、黑客、版主、QQ、美眉、网虫、主页等，还有许多旧词，如灌水、大虾、恐龙、猫、菜单、工具箱等被赋予新的含义，在网络虚拟社区里表达一种特殊的意义。

第二，谐音表义。在网络语言中，谐音可以穿越汉字的界限来表示语义，只要是声音和负载语义信息的汉字相同或相似，不管是数字还是英文字母，都可以用来谐音表义。用数字代替汉字词语使输入更加便捷，尤其受到儿童网民的青睐，如 886（拜拜了）、7456（气死我了）、5555（呜呜呜呜）、9494（就是就是）等等。还有用英文谐音的，如"I 服了 U"，"I"英文中表示"我"，"U"就是用"You"的谐音，表示"你"；"IC"是英语"I see"的谐音形式，表示"我明白了"。有的是英文字母和数字谐音表义，如"B4"谐音表示"鄙视"。有些外来词还可用谐音的汉字来表达，如当（down），表示从网上下载文件；猫（modem），指调制解调器。

第三，大量缩略。儿童使用缩略词语主要有三种情况：一是用汉语拼音的声母带文字，如"BT"表示"变态"，"PMP"表示"拍马屁"，"GG"表示"哥哥"，"JJ"表示"姐姐"，"NQS"表示"你去死"等；二是英文缩略。如"BBS"（bulletin board system，电子公告系统）、"BTW"（by the way，顺便）、"Hand"（have a nice day，祝好）等。这些英文的缩写已成为儿童周知的名词；三是汉字缩略词，如"版主"（版面主持人）、"酱紫"（也作"绛紫"，是"这样子"的快速省事读法）。

2. 网络语言的社会功能分析

虽然网络这个虚拟世界有着自己的特点和语言，但网络语言仍须借助汉语和其他语言的语句，所以网络语言是一种副产品，不可能上升为主流语言，只能在网络这个虚拟的世界里存在，使用空间十分狭小。即使一个不太懂网络语言的人上网，也能与他人交流。当然，网络语言在一定环境下也弥补了其他语言形式的不足。

从儿童网民的性格特点来看，他们具有求新、求异、求变、求洋的个性，丰富的想象力和创造力使他们创造出大量的网络用语，张扬的个性化需求在虚拟的世界里得到了极大的满足。然而，这种与传统相悖的个性化不仅与传统的道德思想文化格格不入，在语言外显形式上的表现也极为突出。可以说，网络用语代表了一种社会亚文化时尚，这种时尚颇受广大儿童的欢迎。

（四）儿童与网络阅读信息的传播

长久以来，阅读总是和传统媒体结合在一起。但当下，很多人已经热衷于网上阅读。思维性格尚未定型的儿童，对这一阅读变革表现得更为敏感，受到的影响也更为深远。

1. 网络阅读的特点

网络阅读界面生动，信息海量，当儿童进入网络世界后，所有的互动都因此转变，变成以文字、影像或声音传递，所有想表达的情感全都用制式的字体呈现在窗口上，比书本阅读更有趣，更轻松。网络阅读的信息组成部分包括文字、色彩、图像、动画、音频、视频，极大地拓展了文献的深度，并且可以实现实时音频、视频的交流，这无疑给阅读带来了重大变革。网上的音频、视频、文本、图片、动画以及人机交互实时沟通等功能，构成了一个变化无穷、多姿多彩的新文本境界，这种境界带给儿童多重感官刺激和真切形象的阅读体验，但这些异常丰富的色彩、动画、音频、视频吸引了儿童过多的注意力，使他们无暇深入思索。

2. 儿童网络阅读的优势

第一，网络阅读为儿童提供求知学习的便捷空间。目前在互联网虚拟学校中上课，已成为国外大、中、小学校一种新颖的教育模式。在我国也出现了"空中课堂"、学校的校园网、梦想网校、青年组织网等网站专为儿童提供教育服务，方便快捷地为儿童提供广阔的学习空间。

第二，网络阅读为儿童获得各种信息提供新的渠道。互联网庞大的信息资源最大程度地满足了儿童获取信息的需求。如近年搜索引擎 Google、百度相继推出的问答服务已吸引众多儿童用户使用；维基百科全书也开始提供在线百科服务，增加了传统百科全书所不具备的功能。种种这些服务都为儿童提供了最为丰富的信息资源。

第三，网络阅读为儿童提供了综合素质教育的平台。计算机基础知识是在校小学生综合素质教育课程之一，不仅如此，它还是未来成功青年所必须掌握的技能。在互联网上，我们几乎可以找到涉及人类生活所有方面的各类信息，对于熟练掌握计算机基础知识的儿童来说，互联网可以说是取之不尽、用之不竭、学之不完的知识宝库。

3. 儿童网络阅读存在的问题

第一，网络阅读的崇拜心理。崇拜心理在儿童读者中较为普遍，崇拜的对象也多种多样，如对名人、名著的崇拜；对信息、技术的崇拜；对某个团体、某种现象的崇拜等等。这种"仰视式"阅读能够使读者贴近作者并深入理解作品，提高阅读效果，但假如读者难以跳出作品，就无法对作品的是非、优劣、美丑等做出客观、冷静、不掺杂感情、不带成见的理智判断和价值评估。

第二，网络阅读的猎奇心理。互联网是一个高度开放的虚拟世界，到处都是新奇的事物，而且这些事物每时每刻都在不断更新。此外，网络的开放性和娱乐性也使得无厘头的解构盛行，网络阅读充满了游戏和荒诞色彩。这就致使部分儿童阅读时对网络传奇、武侠、暴力、色情等"网毒"以及其他有害信息情有独钟，网络阅读尽管满足了儿童猎奇、虚幻、冒险的心理需求，却也严重侵蚀着他们的心灵。

第三，网络阅读的逆反心理。很多时候，人们对越得不到的东西就越想得到，越接触不到的东西就越想接触，从而形成所谓的"禁果逆反"。由于儿童年具有逆反心理，对禁止阅读或暂时不宜阅读的信息资源，如风水、命相、术数等封建迷信方面的读物或一些暴力、色情方面的信息及网页等，其阅读兴趣反而很浓，即"禁食的果子分外甜"。

第四，网络阅读的恋网心理。网络信息的全球交流和共享使儿童读者可以自由交往、随意阅读、按需取材。这种阅读环境的开放性及信息资源的丰富性，深深吸引了易于接受新鲜事物的儿童。这种吸引往往会导致儿童极度迷恋网络，出现儿童网络依赖。儿童沉迷于网络，甚至上瘾到不可自拔的地步，长此以往，必定会影响儿童的学习和健康成长。

除了心理层面的问题之外，有些儿童还会出现身体上的问题，如视力损害、身体器官损伤。长时间使身体姿势处于非自然的强迫体位，久而久之会导致肌肉骨骼系统的疾患，形成腰部、肩部、颈部等处的肌肉损伤，带来背痛、肩膀酸痛等困扰，严重的还会造成脊椎骨损伤、内脏受压，影响心肺功能。

总的来说，网络阅读加剧了"快餐文化"对儿童的影响，使越来越多的儿童停留在"浅阅读"的层次。电脑网络作为信息新媒介使信息数量呈几何级数爆炸式增长，而每个人的阅读时间和精力是有限的，因此，为了有效把握海量变化的状态及信息，人们不得不改变信息的接收方式，以便在最大范围内对信息进行搜索，"浅阅读"这种阅读方式自然就浮出了电脑屏幕。所谓"浅阅读"，即指浅层次的、以简单轻松甚至娱乐性为最高追求的阅读方式；或指特有的一群读者根据自己喜好选择的一种简单的阅读方式。"浅阅读"以搜索式、标题式、跳跃式为主要阅读形式在网络上蔓延开来，每次点击链接就会跳到下一个网页，人们的阅读节奏加快了，阅读不知不觉中变成了"浏览"，深入阅读变得越来越稀有，儿童也越来越疏离对知识的追求，仅仅满足于"知道"。

第三节　儿童对漫画内容的消费与传播

目前，我国儿童虽然被要求多阅读名人著作，但愿意看传统名著的却越来越少，因为许多名著的描写都比较沉闷，同儿童的生活差距太大，能激发兴趣的不多。西方儿童的阅读情况则相对多元化，儿童与少年阶段的阅读状况显得比较复杂，有的喜欢看得奖小说，有的喜欢看漫画书，有的喜欢读世界名著，有的喜欢读"故事小报"。目前西方畅销的儿童漫画书主要有《阿奇》《蝙蝠侠》和《蜘蛛人》等，其中《丁丁历险记》还被纽约时报书评周刊列为最受欢迎的阅读书之一。有研究结果显示，西方有接近百分之一百的成绩优秀生看漫画书，比成绩差的学生看得多得多。

一、儿童阅读漫画的现状

中国儿童漫画市场需求大，增速快。据第七次人口普查结果显示，0—14 岁儿童有 2.5 亿人，庞大的数字背后是更加巨大的消费潜力。庞大的人口基数、强大的家庭消费意愿，巨大的供需不平衡，为儿童漫画加速发展增加了更多可能性。我国阅读儿童漫画的适龄少儿约 3 亿人。据国家教育部统计，2020 年，我国幼儿园学生约 4818.26 万人，小学生约 15639 万人，初中生约 4914.09 万人。随着时代的进步，家长们对孩子的重视也在不断加强，由此儿童行业的市场也在不断发展，儿童漫画行业也不例外。行业统计显示，目前中国每年出版童书 4 万多种，总出版量居世界第一。从国内现阶段销量最高的儿童漫画内容来看，多数是西方经典童话故事的叙述以及改编，例如《灰姑娘》《白雪公主》《冰雪女王》等，由于国家之间的地域化文化差异较大，儿童在阅读时可能会出现理解偏差，从而导致阅读兴趣下降。因此国内儿童漫画的原创性还有较大的提升空间，内容产出的质量还需不断提升。

山东潍坊市也曾对该市 3000 多名小学生进行了调查，发现小学生在高年级阶段漫画阅读数量明显上升，男生最爱的是诙谐幽默的漫画，女生比较喜欢丰富多彩的校园读物，特别是反映集体生活和儿童心理的漫画。

蒋蓉对长沙市和永州市的小学五年级学生和初中学生的课外阅读现状做调查研究，发现由于年龄导致的从众心理，学生之间对同学朋友介绍的读物流传很快，尤其是一些休闲娱乐类的读物，如卡通、连环画等，相互传阅的情况更是普遍。因此，从朋友和同学处借阅在所有可能取得课外读物的途径中所占比例较高（位列第三）。研究还显示童话、卡通漫画在小学生课外读物中的比例大于初中生。

中小学生都喜欢卡通图书，像《奥特曼》《龙珠》《机器猫》等，百看不厌，无论家长、老师怎样阻止也无济于事，甚至造成逆反心理，导致"地下阅读"的现象。一名五年级的学生这样说："我喜欢上了漫画书。现在全班都流行看漫画书，我们每个人手中都有几本漫画书，同学们相互交换着看，有时我们三二个人合买一本书。我们知道，家长反对我们看漫画书，所以把漫画书带到学校看,这样父母就不知道了……老师过来,我们就以最快的速度相互通知,真有点像'地下党'"。[①]

董小苹和王丛彦对北京、天津、上海及昆明986名初中生进行了青少年动漫爱好现状调查,结果表明日本动漫最受初中学生青睐,但同时也提出过度迷恋动漫会对学生的学习造成不利影响。

有资料表明,我国青少年最喜爱的卡通作品绝大部分来自日本和美国,日本卡通占60%,欧美卡通占29%,而中国原创卡通几乎毫无影响力,即使包括中国港台地区的内,比例也只有11%。日本漫画重情节,轻幽默,风格写实,动作与表情简单,强调情节的跌宕起伏,总能让读者牵挂作品中的人物命运而欲罢不能,阅读热情经久不减。美国漫画则正好相反,轻情节,重幽默,风格极度夸张,动作与表情丰富,以纯粹娱乐为目的,这两种风格正是吸引儿童眼球的法宝。我国动漫理念长期定位于"寓教于乐"上,可是内容设置并没有为儿童着想,情节和画面也缺乏吸引力,可谓形与神违,最终导致国产动漫成为纯粹的教育版本。

综上所述,几乎所有儿童都喜爱阅读漫画,其中小学高年级儿童是最主要的漫画阅读人群。在家长、老师的监控下,儿童常会采取"地下阅读"方式,即漫画阅读信息只在同学朋友间相互传递与交流。相较单调乏味的中国教育式漫画,他们更迷恋日本、欧美等国家情节曲折、幽默夸张的漫画风格;此外,男女生所喜欢的漫画类型存在着明显差异。

二、儿童对漫画信息的阅读动机

(一)增长知识的需要

在儿童成长过程中,他们积累了许多问题,比如,为什么花朵的颜色会各种各样?为什么人每天要吃饭睡觉?当一件意外事情发生时,应该如何看待和解决?太阳会消失吗?我是从哪里来的……他们不仅需要通过询问成人来答疑解惑,也需要通过阅读来获得相关知识。

(二)交往互动的需要

当儿童发现没有可交往的对象朋友时会感到孤独,因此他们可以选择书籍作为交流的对象。儿童也自述在感到"需要有陪伴"或"需要摆脱孤独寂寞"时有阅读书籍的愿望。

---

① 邵建萍. 对新世纪少年儿童阅读活动的思考 [J]. 中小学图书情报世界, 2002 (10): 33—35.

（三）调节情绪的需要

在现实生活中，每个儿童都有可能在某种情境下处于焦虑状态，最常见的现象是儿童学习或交友失败后，或怕老师和父母批评，致使自尊心与自信心受挫，或者失败感和内疚感增加，形成一种紧张不安带有恐惧的情绪状态。这时"忘记苦恼"或"摆脱焦虑紧张"就成为儿童阅读的目的。儿童可以通过阅读让自己"平静放松下来"。调查表明，现代儿童在需要放松、娱乐的时候一般选择录音带和电视，但也有相当一部分儿童选择阅读课外书籍。

（四）休闲娱乐的需要

这种情况多发生在有较多空闲时间的儿童身上。一般在假期或休息日，儿童没有合适的游戏伙伴，常觉得"没啥事情可做"，便可依赖阅读来度过这段时光。

三、儿童对漫画信息内容的消费偏好

儿童漫画是专为儿童创作或者儿童自己创作的漫画，与漫画一样，一般采用夸张、变形等方法造型，运用比喻、重复、对比、象征等手法构思，形成幽默诙谐的画面或画面组，以取得批评、表扬、或者纯幽默的效果，达到讽刺或歌颂某些人和事，或者纯娱乐的目的，具有较强的教育性与娱乐性。儿童漫画市场往往由于付费意愿更强，而有着不错的市场前景，但是在人口下滑的大背景下，儿童漫画市场天花板相对较低，结合之前有关儿童漫画阅读的研究，进行以下分析。

第一，市场上漫画书的销售情况普遍较好，但漫画质量还有待提高。各种类型的漫画销售大致持平；虽然出版发行部门有严格的审查制度，但仍有不少涉及不良文化内容的漫画书被出版销售，尤其是涉及暴力、色情的漫画书；少年漫画的暴力内容比例比少女漫画要高，男性角色使用暴力行为的次数也较女性角色更多，暴力漫画中主角人物较常用暴力手段来解决问题。

第二，中小学儿童是阅读漫画书的主要人群，且阅读行为大同小异。男女生都喜欢阅读漫画，多数从小学低年级就开始阅读漫画，漫画来源多从稍年长的哥哥、姐姐和同年龄层的同学处得到，阅读漫画动机以消遣休闲娱乐为主要目的，阅读漫画频率与漫画发行周期大致相当，阅读漫画情境以独自一人在家或以群体在校为主。在阅读漫画喜爱类型方面虽然男女生都比较推崇幽默搞笑类，但是男生普遍喜欢暴力类型的和运动类型的，女生则喜欢少女类漫画和侦探类漫画。不同年龄阶段的儿童在阅读漫画频率方面有较大差别，表现为小学生每周阅读漫画时数要多于初中学生。

第三，漫画人物是儿童重要的认同来源之一。多数儿童都有认同的漫画人物，且认同的程度非常高，但认同的漫画人物因年龄、家长教育程度、德智体成绩、阅读频率而有所不同；认同的原因主要以社会正义与才智（智力和技能）最受重视；认同的角色类型仍受性别意识形态的影响，但女生较男生更能摆脱传统性别意识形态的包袱，儿童最认同男性、年龄层相近、技能及智能与外貌上表现优秀的漫画人物；所认同的漫画人物呈现出较多元的价值取向，以"友谊"与"智慧和技能表现"居多，"社会价值"与"个人价值"的出现比率高于"家庭价值"。

第四，儿童都会注意到漫画中的"暴力"与"色情"成分。男生一般认为暴力并不好，但可有条件接受，女生通常对暴力没有兴趣，甚至有些反感，但在阅读喜欢的漫画书时，倾向于忽略文本里的暴力符号。多数初中生喜爱阅读"中、高度暴力漫画"，但却比较喜欢"中、低度暴力主角"，且他们也觉得自己在阅读暴力漫画后会受到中高度的"示范学习""楷模认同""符号增强"等方面的影响。对于漫画中的"色情"，多数男生没有禁忌，会轻松自在地对裸露画面加以调笑，女生对于少女漫画中"吻"和"性"的场面大都抱持较正面的评价，认为表现含蓄且代表情侣之间真爱的结合，采取一种宽容和辩护的态度，但她们认为少年漫画充斥着色情元素，并觉得男生看到色情画面的反应幼稚而低级。

第四节　儿童与手机信息内容的传播

近年来，智能手机在包括中国在内的全球范围迅速普及。根据"中国互联网络信息中心"（CNNIC）第 47 次《中国互联网络发展状况统计报告》发布的数据，截至 2020 年 12 月，我国 9.89 亿网民中有 99.7％的用户使用手机上网，网民增长主体从青年群体向未成年人和老年群体渗透的趋势明显，学生网民占比最多（CNNIC，2021）。新近的媒介研究已经关注到由智能手机所引起的媒介环境的变化，并转向移动媒体可信度、手机媒介素养、媒介使用的碎片化等视角。同时，随着智能手机使用的增加，与智能手机相关的身心健康问题相继浮出水面。在年轻人中，尤其是在校学生和青少年中，使用智能手机的时间越来越长。现有研究较多从媒介使用频率、时长、内容等变量，考察手机成瘾、移动网络安全等某个方面对儿童健康的影响，且大多局限于某一特定的年龄群体，如中学生。国内传播学界尚缺乏全面考察手机使用对学龄儿童身心健康影响的大样本实证研究。从相关学科来看，手机使用与儿童健康的研究在多学科中均有不同展开。在医学、精神病理学等科学领域，新近研究发现，屏幕媒介的使用对学龄前儿童的脑白质系统的微观完整性有负面影响，尤其妨碍其语言功能的发育。一些研究验证了儿童的功能失调（如注意力分散、药物滥用、自责情绪等）、焦虑、抑郁等精神症状与过度使用智能手机密切相关。在发展心理学和教育心理学领域，学者们对儿童的手机使用进行了深入探讨。发展心理学的文献显示，儿童接触手机有助于培养积极开放的心态；教育心理学则强调了家庭互动和父母教养方式作为塑造儿童理解和解释媒体内容的关键因素的必要性。在社会学领域，Kraut 从互联网与社会资本的关系中提出了"时间替代假说"人们使用互联网的时间不仅是花在特定网络活动上的时间，而且可能是远离其他社会活动的时间。Nie 和 Hillygus 在社会文化理论的语境下，以儿童为研究对象对"时间替代假说"进行理论扩展，认为以智能手机为代表的新媒体使用占据了儿童读书、体育运动以及与家人朋友交谈的时间。

一、儿童的手机使用现状

（一）手机的拥有量

根据中国互联网络信息中心发布的《中国互联网发展状况统计报告》显示，截止到 2021 年 12 月，我国网民数量为 10.32 亿，其中使用手机上网的用户比例高达 99.7%。报告还指出，未成年人手机持有率已经达到 65%，且呈现出不断上升的趋势。共青团中央维护青少年权益部、中国互联网络信息中心联合发布了《2021 年全国未成年人互联网使用情况研究报告》显示，2021 年我国未成年网民规模达 1.91 亿，未成年人互联网普及率达 96.8%。大部分未成年人都拥有自己的网络设备，达到了 82.9%，使用手机上网的比例为 92.2%，拥有自己手机的比例 65.0%，平板为 26.0%，穿戴设备为 25.8%，在未成年人中普及较为迅速。高中生拥有个人专属电子移动设备的学生比例为 77.4%，这一比例在初中生中是 64.6%，而小学阶段为 50.7%。

从儿童性别差异来看，Helen Rees 研究发现男孩和女孩对手机的喜爱程度是同等的，媒介技术不单纯是男孩的兴趣，对女孩也有特殊的吸引力。Dominic Madell 在关于英国青少年对手机的态度和经验的研究中发现，女孩拥有手机者显著高于男孩。吴翠珍的数据显示，有 50% 的青少年从来不关手机，其中拥有手机的女孩（77%）比例高于男孩（70%），同时女孩每周花费在手机上的时间（8.4 小时）也多于男孩（7.6 小时）。

（二）手机的功能使用情况

在手机各种功能的差异方面，Dominic Madell 和 Steven Muncer 调查发现，91.9% 的青少年使用通话功能，89.4% 的青少年使用短信功能，还有不少人使用手机上网、玩游戏等。Ronald Davie 对 10—11 岁的儿童手机使用情况调查显示，40% 的被试使用手机，47% 的人使用手机与家人和朋友聊天，26% 的人会用手机让父母了解他们的去向，20% 的人用手机打过电话。

Mirella Prezza 在关于 11—15 岁青少年手机使用的调查中发现，56.8% 的被试平均每天用手机打电话超过三次，且每天都超过一次以上，而 50.8% 的被试使用手机发短信。有台湾学者调查小学生的手机使用情况，结果显示小学四、五年级的儿童会将手机视为昂贵的游戏机，常在学校拿出来和同学一起玩，而对小学六年级的男生来说，手机拨打与发送短信本身就是一件有趣的事。

小学生最常通话的对象是父母，亲子间手机的使用属于"工具性"的联系方式，只有遇到紧要事件时才会彼此联系，对于促进家人感情与改善互动上，并没有太大的帮助；其次，小学生与同伴间的联系也多以"问功课"为主。结合过去的研究结果发现，此时期的使用方式虽然是工具性的，但在青少年时期会转变为表达性使用，借以强化同伴关系，建立与同伴的紧密联系；小学生通常用手机进行社交，QQ 和微信是最常使用的社交软件。同时，听音乐、看电影、刷短视频、玩游戏也是小学生最常使用的功能，可能会耗费大量时间，沉迷虚拟世界，影响学生成绩。小学生还可能会用手机查询学习资料，或者运用各类解题软件。手机上的解题软件改变了学生的解题方式，提高了学生的学习效率，有效减轻了学生的学习负担，需要经过合理利用、促进学生学业的发展。

便捷的信息使得问候、关爱可以瞬间传递，情感的表达与维系更为简单方便。逢年过节同学们都会互发各种富有创意的祝福信息，如"新的一年开始，祝好事接 2 连 3 心情 4 季如春，生活 5 颜 6 色，7 彩缤纷，偶尔 8 点小财，烦恼抛到 9 霄云外！请接受我 10 心 10 意的祝福。祝你新年快乐！"无聊的整蛊、骚扰信息在中学生接收、发送的信息中占比例较大，成为一种流行趋势。比如，"我咋晚梦到你了；我们漫步在小河边，相互依偎着。你抬头凝视着我的眼睛，深情地吐出三个字—汪、汪、汪。""祝你一路顺风，半路失踪；祝你笑口常开，笑死活该；祝你天天开心，两腿抽筋；祝你万事如意，处处碰壁。"在袁玉荣调查过的 200 多名拥有手机的中学生中，64％收到过这类信息。"有色"信息是对中学生影响最大的一类垃圾信息。这类信息除了淫秽、色情信息外，也包括适合成年人但不适合中学生的信息，如成人笑话等。在被调查的学生中，男生 53％以上收到过这类信息，女生占约 25％；男生约 41％发送过该类信息，女生占 14％。还有封建迷信类信息，如测命运、解梦等，"姓名藏玄机，与命运有极大关系！发送你的名字到，全方位解读其中奥秘。""缘分上天注定，星座窥视你一生的奥秘。发送你的生日到，看看 Ta 是不是你等候的人。"在接受调查的学生中，76％的学生收、发过这类信息，其中 2％的认为这类信息"完全可信"，14％的认为"宁可信其有，不可信其无"，84％的认为"完全不可信，玩玩而已"。①

夏雪通过三份中学生的信息记录发现，虽然中学生关心的重点各有差别，但学习和情感方面的内容占据了绝对优势。关于学习的信息，其中相当一部分是关于考试的，内容主要包括考试的感受、考试成绩、复习、考试祝福等。考试对于中学生而言，仍然是一个痛苦而又非常重要的事情。提起来他们就会使用"糊了""完了"等看似夸张实则贴切的词语来形容自己的感觉，对成绩更是显露出矛盾而脆弱的心态，并且信息中只有涉及考试时才会提到家长，考得好为了使家长高兴，不好是怕家长生气失望。情感方面的短信主要包括这些内容：关于感情的讨论，和男女朋友聊天，朋友间的感情问题，与朋友间的问候、交流、祝福等。字里行间我们可以清楚地看到一个内心情感世界丰富多彩的中学生群体。他们的感情类型有很多种，他们的朋友也有很多种，我们不能概念化、片面化地去理解。

当代儿童在手机的拥有量上已达到了惊人的规模，在手机的功能运用上已显示了最全面的开发，在手机的使用动机上已体现了个性的发展，不可否认的是，手机已对当代儿童的身心发展产生了巨大的影响。

---

① 袁玉荣. 青少年流行文化对中学生的影响及对策研究 [D]. 武汉：华中师范大学，2007.

时至今日，数字媒介已经与人类的社会生活深度融合，"青少年是否应当上网"已成了过时论题。如何让学龄儿童安全、科学地使用互联网和手机，才是我们应当关注的核心问题。据联合国儿童基金会发布的《2017年世界儿童状况：数字时代的儿童》报告显示，全球的互联网用户中，约三分之一为18岁以下的儿童与青少年，每日新增逾17.5万名儿童网民。不可否认的是，本研究所涉及的学龄儿童群体已经成为网民增长的主体，而其中大部分均通过以智能手机为代表的移动端接入互联网。从学龄儿童网络保护角度出发，期望国家层面继续出台相关政策与规划，努力完善对学龄儿童网络新媒体使用时长、内容和类型的保护机制，鼓励相关主体开发针对青少年学习的应用程序和内容产品；立法确保媒体科技公司强化其在线平台的安全和保护措施，并让这些措施对教师、家长和儿童来说清楚明了、方便易用；增加对安全技术和优质青少年电子内容的投资与支持，以帮助儿童接受优质教育、发展自身技能，切实提升青少年手机使用能力与手机效能，打造健康的互联网生活环境。

二、儿童与手机微信的内容传播

儿童通过微信与同伴传递维系感情的信息，深化了同伴与家人间的友谊与亲情。微信促进同伴团体的群聚力量，并发展出一套仪式化的行为，也成为物质文化的表征。儿童利用手机突破时空的媒介特质，创造出"流动空间"，让自己在人际网络中"永远在线"，并连接了公众领域与私人领域，摆脱师长的干预，取得独立自主的权利。同时，使用微信与同伴互动的过程中，他们也发展出一套微信文化。他们认为微信字里行间更能感受到彼此的关心，表达自己的感情，不显敷衍。他们在手机心情日志中表达了浓浓的感受，如"今天心情好好，和老同学联系到了，而且微信里的她让我觉得好温暖，前段时间都找不到她，可是今天她自己找上我了，久别重逢的感觉哦！好好哦……微信让我进入了另一个世界，通讯方便，言语温暖。""今天挺开心的，学校端午节放假了，有几个好久没联系的朋友发来了祝福短信。感觉好幸福啊！大家没有忘记我，都这么关心我，好感动哦！虽然今天挺累的，可是收到这些信息，还是让我感到很欣慰。""手机对我来说是不可少的一部分，因为通过它我才能和我亲爱的哥哥保持联系，从小，我的玩伴就只有他，可是我同学硬说我是恋哥，我挺郁闷的，因为根本就没有，他是一个对于我来说特别重要的人。"通过手机微信交流还是闪避冲突的方式，不需要正面交锋，双方彼此可以更冷静，尤其通过短信的方式，经过一段时间的交流后，双方情绪将逐渐得到释放。例如儿童和父母发生冲突后，往往无法将自己的委屈当众宣之于口，却可以通过发信息的方式表达自己的想法，隔着屏幕，也缓解了当面诉说的尴尬，同时也有效的避免了再次冲突。

第六章　儿童信息传播效果

自传播学诞生以来，效果便成为最重要也是最热门的话题之一。从文献中分析得知，源起于西方的大众传播媒介与儿童的研究已经有将近100年的历史，而我国关于这个话题的研究也随着20世纪80年代大众传播媒介的普及而逐渐展开。众多学者围绕多个话题，展开了较为深入的探讨。比如媒介对儿童的影响研究，比较典型的包括佩恩基金研究，即电影对儿童的影响，还包括北美地区"儿童生活中的电视"对电视对儿童的影响做了早期研究；除此之外，媒介与儿童行为的研究也是传播效果研究的一个关键点，包括媒介内容、媒介形式、儿童自身情况等对儿童日常行为的影响。

以移动互联网为代表的全新一代数字媒体的出现，给儿童参与媒介带来了巨大的便利，也给儿童信息传播效果的研究带来了跨时代的挑战。本章将从传播效果理论出发，对儿童在信息传播中的传播效果进行系统性的审视，并对某些典型性现象进行解读。

第一节　儿童信息传播的效果分类

对于传播效果的分类维度有多种方法，如从时间上考虑，从传播者意图的关联上考虑，而我们使用最多的即是从效果的性质上考虑。作为媒介环境的初步参与者，儿童受媒介环境的影响明显、巨大。我们将从信息传播对于儿童的认知影响、心理与态度影响、行为影响来探寻儿童信息传播效果。当然，还需要从群体的角度，探寻儿童信息传播的群体影响效果。

一、认知效果

关于影响儿童认知的因素，学术界有各种各样的理论和学说，其中比较有代表性的是遗传决定论。它认为认知发展由先天的遗传基因决定，人的发展过程只不过是这些内在的遗传因素自我展开的过程，环境的作用仅在于引发、促进或延缓这种过程的实现。其创始人是高尔顿，他的典型论调是"一个人的能力是由遗传得来的，它受遗传决定的程度，正如一切有机体的形态及躯体组织受遗传决定一样。"遗传决定论过分强调先天的遗传因素在儿童认知发展中的作用，而忽视环境和教育对儿童认知发展的作用。另一个理论是环境决定论。它认为儿童认知发展的原因在于后天，人的心理发展的差异百分之九十是由教育决定的。其最早的代表人物是华生，他曾说："给我一打健康的婴儿，如果能让我在由我所控制的环境中培养他们，不论他们的前辈的才能、爱好、倾向、能力、职业和种族情况如何，我保证能把他们其中任何一个人训练成我选定的任何一种专家：医生、律师、艺术家、富商，甚至乞丐和盗贼。"环境决定论由于过分强调外部行为及其强化和反馈，忽视内部的心理过程，已与遗传决定论一样渐渐被新的理论所批判和代替。第三种理论即相互作用论。现代研究者已开始深入地研究遗传和环境之间的动态关系，最典型的是皮亚杰的儿童发展观。他的相互作用论认为，两种因素之间的关系并非各占若干比例或简单相加的关系，而是一种相互交织、相互渗透和影响的关系。而且这种理论认识到两种因素的动态历史的相互影响，即有机体当前的行为不仅受当前环境及遗传物质的影响，而且可能受其遗传基因和过去环境因素的相互影响和作用。

从相互作用论中，我们可以轻易得出结论，即媒介信息对于儿童的认知营销效果不能忽视。比如，儿童在接收到外界信息的同时，会展开对这些信息编码解码的过程。在长时间的编码和解码过程当中，儿童会逐渐形成对这些媒介信息的适应能力，如学会阅读、写字，对于某些色彩、符号、特定的动作等形成固定的认知。

除日常的人内传播、家庭中的人际传播外，对儿童认知造成影响的信息仍然主要来自外部媒介，而在移动互联高度发达的今天，这些外部媒介主要为以手机、平板、电脑终端等为代表。在日常观察中我们能够发现，对外部信息的接收时间能够影响儿童的认知水平。比如，儿童花费过多的时间在手机等电子媒介上，其在阅读、日常交往、体育运动等方面花费的时间就会相应减少，所以，他们可能对电子信息的认知水平会较高，但阅读能力、社交意识及社交能力、运动能力等都会相应下降；不同的媒介形式也会影响儿童的认知水平，如美国儿科学会建议 2 岁以下的孩子不要接触屏幕媒体，原因是这个年龄阶段的孩子存在一种"视频短缺"（video deficit）现象，这使他们很难从视频中获益。符号思维的缺乏和较弱的注意力限制了他们将知识从二维空间转换到三维空间所需的记忆灵活性。2岁后，儿童进入皮亚杰所说的前运演阶段，符号思维的发展将帮助他们更好地理解电视内容；而对于儿童认知水平影响最多的，无疑还是外部信息的内容本身。我们经常发现，如果家长在家庭生活中经常说脏话，那么孩子有些时候也会有一些脏话脱口而出。那些经常接触暴力信息的儿童会变得极具攻击性，而过早接触媒介的儿童也会变得成人化，这些都是外部信息内容对儿童认知的强烈影响。

二、心理与态度效果

除以上提到的认知影响以外，媒介世界中的信息对儿童的影响还集中于儿童的其他心理发展方面，如注意力、想象力、情绪、态度等等。在儿童的发展过程中，媒介就像无处不在的陪伴者，对儿童造成潜移默化的心理及态度影响。美国的大众传播学者雪莉·贝尔吉在谈到我们所处的时代时说："你最后一次整天没有接触媒介是什么时候？从你早晨起床那一刻，一直到你晚上上床睡觉的时候，媒介就等着和你作伴。"这个道理同样适用于儿童，当他们走进这个世界，开始对这个世界中的种种事物进行探索的时候，媒介信息已经成为其生活中不可或缺的一部分。

我们可以很明显地看到信息传播对孩子注意力的影响。在传统的家庭教育中，家长总会认为长时间地接触电子媒介会分散孩子的注意力，使其成为那种"坐不住""做事不认真"的孩子。但科学研究证明，在接触电子媒介的过程中，孩子的注意力其实并不会被所接收到的信息所左右，他们的注意力完全是主动的，甚至可以根据个体对于信息的理解而不断调节。比如，我们在给孩子讲故事的时候，经常发现他们会一边玩玩具，一边听故事，在这种情况下，父母可能会认为，孩子没有在认真听故事。但细心的父母会发现，虽然孩子看似没有将注意力完全放在故事上，但是在故事结束后，孩子能够清晰地记忆起故事中的所有情节，甚至还会针对故事中的某些疑问来发表自己的看法。在这个过程中，孩子学会了分配注意力，其心理控制能力也会随之提高。

从个体发展的角度来看，作为人类发展初始阶段的儿童时期，本身的心理活动水平较为低下，所以媒介信息，尤其是电子媒介信息直观、形象、具体、生动的特点，会快速吸引儿童的注意力，并使其形成浓厚的兴趣，我们可以认为这种对于信息的记忆类似于"无效记忆"，会在一段时间过后便忘掉。但不可否认的是，媒介信息在此过程中给儿童带来了积极的体验，同时对于其注意力、记忆力的提升都带来了一定的帮助。

再如，在信息的发出与接收中，儿童的想象力、创造力也会随之提升。儿童发展科学中认为，想象力的发展是智力发展的极为重要的方面，也是形成儿童人格的必要条件。信息传播中，丰富的媒介信息给儿童带来了强烈的感官体验，他们通过对媒介信息的接收、认知、记忆等，拥有了无数可以用于想象的"信息材料"，在拥有这样充足材料的基础上，儿童可以充分发挥，不断提升想象力与创造力。我们经常会看到儿童有一些让大人无法想到，甚至"拍手叫好"的创意，把白云想象成棉花糖；张大嘴想喝掉迎面吹来的风；在街上捡到一根木棍后，就时而变成孙悟空，时而变成解放军。他们把幻想与现实融为一体，天马行空般地生活在魔幻世界当中。这一点和成年人形成了巨大的差异，成年人知识水平要好于儿童，但想象力反而受到压抑，自由发挥的余地相应地受到限制。

此外，儿童的情感也会在信息传播的过程中受到影响。例如，儿童可能会在听故事的过程中产生一定的道德观念，在很多儿童的记忆中，自己对于社会道德的认知最早都来自"睡前故事"。听了《三只蝴蝶》，儿童明白了同伴之间要互相帮助，听了《小马过河》，儿童懂得了做事情要主动去尝试。在这个过程中，儿童也会形成理智、对美的欣赏等高级情感。他们在欣赏音乐、舞蹈时会显得格外兴奋，而在第一次看电影的时候又会高呼"刺激"，这些信息能够不断刺激儿童的精神需要，使其达到较为剧烈的情感体验，从而使儿童对社会产生一定的感性认知。

三、行为效果

心理学家认为行为是个体对所处情景的一系列应答反馈系统，而儿童的行为是儿童感情、思想、能力、情绪和行为动机等多方面因素的综合反应，是个体与周围环境交互作用而最终导致的肢体体现。当人的性格、思想和行为习惯与其生活的社会环境中所要求必须遵守的道德标准、社会行为规范、价值观念等相互契合，即为良好的适应；当个人行为与周围环境之间保持一种和谐的关系，所表现出来的行为就是良好行为。反之，当个人行为与周围环境不相符合时，就叫不良适应，其行为也就是不良行为。

信息传播对儿童的行为的影响，是其对儿童心理特征影响的外化表现。比如，儿童看到《喜羊羊与灰太狼》中小羊们能够团结合作，运用集体的智慧与计谋打败灰太狼，保卫自己的家园，那么他们也会学着发扬团体的力量，相互合作，甚至会主动告知其他小朋友要互相帮助。每一集中源自生活的稀奇古怪的发明也会激发儿童阶段孩子的好奇心，使其想象力丰富，让儿童对于自己动手"发明"产生较大兴趣，勤于思考，擅动脑筋。

信息传播对于儿童的行为影响有些时候也是负面的。儿童在影视作品中看到用平底锅打人的场景，便会争相模仿。有些时候，儿童认知能力发展不健全的情况下，他们会从动画片中学习什么是好人、什么该做与不该做、对与错等等。动画片中确定的行为逻辑是"我应该怎么做"，而不是法律依据和社会准则，只强调个人的情绪宣泄和英雄主义，而不去考虑行为可能造成的后果。

四、儿童信息传播的群体影响

除了对个体的心理、行为、情绪态度等影响之外，信息传播对儿童的影响还体现在群体特点上。纷繁复杂的媒介信息在儿童群体中呈现出了多种多样的传播效果，为我们认识儿童群体特点提供了全新的视角。

首先，儿童的群体行为方式在信息传播中出现了较多新的现象。我们可以看到，在多元化信息的驱使下，如今的儿童群体更早地触网，而且更早地拥有信息终端。在儿童群体当中，甚至是学龄前儿童，交流的方式已经从以前线下的直接交流变成了使用手机等媒介终端的多元化交流。调查显示，5—8岁的儿童拥有手机、电话手表等智能终端的比例已经超过20%。如今的儿童可以非常熟练地用电话手表与父母打电话，在碰到陌生的小朋友的时候，如果双方都拥有电话手表，还会主动要求"碰一碰"，加为好友。我们甚至可以看到，学龄前的儿童就可以使用电话手表来接入社交网络，微信、QQ等社交软件也是他们感兴趣的。儿童群体的生活方式已经和移动互联网深入衔接。

其次，信息传播让儿童的消费心理明显提升。当代社会家庭基本呈现"少儿中心化"的消费趋势，由于少年儿童处于认识事物的学习阶段，易于接受新生事物，同时他们的思维批判性尚未发展成熟，对老师、书本知识和传播媒体上的信息往往深信不疑。在消费心理上，通常表现为容易被动人的推销宣传说服和左右。一般而言，儿童的自我意识水平较低，对自己的心理活动、行为的认识与调节能力都处于低级水平。他们对自己，他人以及外界事物的认识往往以别人的行为、思想作为指导，本身缺乏独立的判断分析能力，在行为上表现出极大的模仿性、从众性。所以，在消费活动中，儿童购买欲望或对商品好坏的认识，受别人的消费行为及评价的影响很大，甚至全来自对周遭其他人的模仿。年龄越小，模仿性越强，特别是学龄前期，别的小朋友拥有某件玩具或用品常常会诱使儿童产生消费欲望，并以此作为其向父母要求购买的理由。当然，随着年龄的增长，儿童的模仿性消费逐渐被有个性特点的消费所替代，购买行为也开始有一定的动机、目标和意向。

更多的影响还体现在儿童群体的社会化进程中。由于信息传播的影响，儿童在主动摆脱以往"被父母控制"的生活模式，尝试着运用媒介来表达自我，传递个性。在儿童发育的某个时间点，他们渴望结识朋友，渴望属于心态相近的同龄人群体，而发达的社交网络能够帮助儿童完成这个任务。在社交网络中，儿童能够自由地进行自我形象的塑造，而且可以通过信息的选择，来刻意展现自己某些方面的优点，使自己变得更具吸引力。让我们感到惊讶的是，已经有大量的儿童在社交网络中拥有了自己的个人主页，如抖音账号、QQ空间、朋友圈等等。他们细心地经营着属于自己的空间，每天都会按时访问，而且会主动邀请他人来到自己的个人主页，这点甚至和成年人没有什么太大的差异。

儿童群体有着只属于自己的独特规则，他们加入群体中，遵循这些规律，从而被群体接纳并在其中很好地生存。信息传播在其中扮演着最重要的角色，帮助儿童群体完成信息传递、文化塑造，进而有效地促进儿童在群体中的社会化进程。

第二节　儿童信息传播的效果特点

就传播效果而言，不同的媒介、不同的传播渠道、不同的传播对象都可以对其形成影响。在儿童的信息传播中，由于传播载体渠道的特殊性以及儿童本身的群体特殊性，传播效果体现出了快捷性、直接性、多元性、独特性、整合性等特点。

一、传播的快捷性

儿童信息传播效果的首要特点即传播影响的快捷性。当信息传播至成年人群体时，他们独有的批判性会使得传播效果出现延迟。比如，"孕妇不能喝咖啡"这样的论调通过社交网络传递至成年人群体，他们不会马上相信这句话的观点并照做，而会通过自身的科学知识、社会经验等进行判断，进而对这样的论断产生批判性，当然，其传播效果也会大打折扣。与成年人不同的是，儿童群体普遍社会经验较为欠缺，也几乎没有批判性思维，所以儿童对于外部信息的信任程度极高。我们经常可以看到，儿童在幼儿园入学后，每天会从老师那里获取大量的信息，而这样的信息会快速地作用于儿童的认知，进而影响他们的生活状况。比如，他们从老师那里得知，吃饭前要洗手，他们会将这些信息迅速地转化为行动，甚至会主动监督父母有没有洗手。

这种影响的快捷性在网络中也有体现。儿童相关的信息产品经常会以让我们惊讶的速度在儿童群体中飞速传播，甚至引发极大的社会影响。比如，曾经在我国引发巨大反响，让管理部门、家长都十分担心的"儿童邪典视频"，一经进入我国，便以一种可怕的速度在儿童群体中进行传播，同时也以极快的速度对我国儿童的生理、心理发展带来了负面影响。这些视频中的主人公常常是由儿童喜爱的动画形象扮演，出现频率最高的如 Elsagate、蜘蛛侠、米老鼠、小黄人、彩虹小马、海绵宝宝等。因为孩子喜欢这些动画形象，由这些动画形象去做一些不正常的事，孩子们也更容易接受，甚至认为是正确的，可以模仿。久而久之，孩子们对于许多危险和暴力行为的容忍阈值就会降低，并且对这些行为上瘾。这些视频的内容也极具迷惑性，它以原作人物为基础进行重口味的"二次创作"。从呈现方式来看，这些视频往往打着"识字""辨别形状"等幌子，高度的迷惑性让其危害更大。有的家长就是被标签所骗，随机点播了一集所谓的动画片让宝宝观看，没想到"动画片"里狰狞的画面和惨叫声吓得孩子号啕大哭。

图 6-1　儿童邪典视频

二、影响的直接性

如果问哪个阶段的人群"可塑性"更强，答案无疑就是儿童群体。可塑性，指人可以接受外界影响并在一定程度上强烈而持续地被确定的特性。具体来说，即人的性情是可以发生变化的，人具有被塑造的可能性。而人可以达到一定的稳定性和持续性的能力，即人可以从不确定性向确定性过度。

我们一般认为，儿童具有极强的敏感力和吸收性心智。其中，敏感力是指一个人或者其他有知觉的生物个体，在生命发展过程中，会对外在环境的某些刺激产生特别敏锐的感受力，以致影响其心智的运作或生理的反应，而出现特殊的好恶或感受，这种力量的强弱，我们将其称之为"敏感力"。当敏感力产生时，儿童的内心会有一股无法遏制的动力，驱使他对所感兴趣的特定事物产生尝试或学习的狂热，直到满足内在需求或敏感力减弱，这股动力才会消失。就像《童年的秘密》中谈到的，儿童如果不能在敏感期按照感觉指令行事，那么便会失去了天然获取的机会，而且是永远失去了机会。儿童和成人的心理存在着根本差别，婴儿能够天然奇迹般地获取，说明他有一种特殊和内在的活力。但是敏感期如果有什么阻碍了儿童的发展，那么他就会迷茫或者扭曲。

所以，极强的敏感力使得儿童对于外部信息几近饥渴的获取，他们通过对外部信息的解读实现社会化，而在此过程当中，儿童也由于融入信息社会的"敏感力"，使得其对于信息的影响产生了极强的反应。信息传播对于儿童生理、心理的影响，就像"魔弹论"中提到的传播效果，直接而明显。比如，0—6岁是儿童的语言敏感期，在这个时期，如果父母持续地向孩子发出声音讯号，那么这些讯号会直接作用于孩子的内心，进而给予回应。再如1.5—4岁是儿童对细微事物感兴趣的敏感期，这个过程中，媒介信息中的微小信号，如一些不明显的动作、某些颜色等，都会引起儿童较为明显的关注。

三、效果的多元性

幼龄时期的儿童所有发展方面都在持续发生着变化。认知、心理、情绪等等，都会受到信息传播的影响。所以，儿童信息传播效果的多元性特征，一方面体现在儿童受到影响的多元性，另一方面体现在不同类型的媒介渠道、媒介信息内容都能够对儿童产生不同的影响。

比如，儿童在接触信息的过程中，最早接触的包括绘画、书籍、音乐等。而在这些不同的信息类型中，儿童会有不同的体验，引发不同的传播效果。在与绘画的接触过程中，儿童可以看到与生活相贴近的真实场景，进而引发探索欲望并引起共鸣。绘画作品中的几何构图、空间延展冲击着儿童的视觉效果，使他们获得新的想象体验，也帮助儿童使用绘画进行自我表达。与书本的对话中，儿童可以获得情绪情感的表达，包括对亲情友情和生命的理解，也可以在其中培养审美情趣与书面语言。书中的故事让儿童感受勇敢自信，学习互助合作的方法，书中的自然知识也使儿童对自然、四季、节气等有了更多的认知。在音乐的体验中，鲜明的节奏感能带给幼儿强烈的音乐冲击，丰富的器乐体验和热情变化的风格曲性能带给幼儿快乐的情绪，各类舞曲就像一个个跳跃的符号，能激发幼儿愉悦的体验，带给幼儿温暖。

四、思想的独特性

人的思想能力与智能有关，即智能越高的人，其思想活动越发达。也就是说其思想内容越复杂，脑力越丰富，所能吸收的经验也就越多。在李普曼的理论中，思想是各种能力的复合，在儿童的信中体现在包括记忆、观念、梦想等能力。在儿童哲学中，我们常讨论的问题是：人们如何思想。而儿童在家庭和学校中所讨论的大部分是与思想有关的东西，如游戏、家庭关系，甚至战争、社会发展等等。儿童在信息传播中体现出了思想的独特性，集中在儿童的想象、推理、认知等心理活动中。

比如，儿童较早时，幻想的情形相当的普遍。因为儿童对外在世界事物的认识，在知觉资料不足的情况下没有办法获得经验，于是形成"内在的活动"，以主观或自我经验的方式去看待，所以儿童习惯将许多事情抽离现实后再去想它。儿童初期生活在幻想中，认为一切都有美好的愿景。当他们长到六七岁左右，知觉逐渐发展，并具有体验的能力，便开始拥有梦想。儿童有丰富的想象力，在其有限的经验中常会将各种事物拟人化，自己编故事，以故事来充实他们的想象力。

在互联网中，我们看到了小朋友对于"未来汽车"话题的描述：

"未来的汽车安全系数很高，它的车身是用纳米合金钢材料制成的，非常结实、耐用。两辆汽车以60公里的速度相撞，汽车和驾驶员都毫发无损。汽车还具有防弹的功能，就算遇到恐怖分子拿着枪向你射击也不用害怕了。不但如此，这种汽车还具有防火的功能，即使周围燃起熊熊大火也不用害怕，可以悠闲地开车穿过危险的地方。汽车的车身还会随着驾驶员的心情改变颜色，如果你的心情很愉快，那么汽车就会变成嫩绿色，如果你很伤心，汽车就会变成黑灰色……这种汽车不但可以在公路上行驶，如果遇到没有路的情况，还按一下飞行按钮，汽车顶部就会伸出一个螺旋桨，像小飞机一样飞上天空。如果来到海边，那就更有趣了，按一下潜水按键，它就把四个轮子变成螺旋桨，带着你参观水下世界！智能汽车烧的不是汽油，因为汽油燃烧会污染环境，这种汽车在晴天时吸收太阳光，再把它转化成能源，汽车就可以开动了。如果是阴天，它就吸收空气中的有害气体，像一氧化碳，二氧化碳……然后转化成能源，这样既可以让汽车开动，还能保护环境，让空气更加清新。"

从这段描述中，我们可以看到儿童传播信息中独特的想象力与奇思妙想。儿童把过去的经验作为一种新的安排，用思考的方式使过去所获得的图像再现，所以这种想象其实也是一种回忆。不过，儿童将其加上了"内在的活动"，构成新的成分，于是形成带有价值判断的思想层次。

再如，儿童所传递信息能够体现出一种与成年人迥然不同的思想差异。小明正在吃冰激凌，大人告诉他冰激凌里有一只虫子，大人的意图自然是让他别把虫子吃到嘴里，而小明却说："冻死他！"发生认识论的主要代表人物瑞士心理学家皮亚杰曾将此阶段的儿童思维特点总结为前运算阶段，奥苏伯尔也提出了相近的前运算水平阶段，而且把年龄规定为学前儿童，认为学前儿童只能理解和运用初级概念及其间的关系，这些初级概念是学习者从具体实际经验中获得的，学前儿童不能进行可逆的思维，不能掌握什么是守恒，不能进行真正的逻辑运算。

第三节　儿童信息传播效果的影响因素

关于传播效果的影响因素，学界中更多地以宏观视角考量，以确定部分宏观因素。如社会因素，互联网产生以后，信息传播可谓是不再受时间、空间、地点等因素的影响，特别是第四媒体和第五媒体的出现，使人们能够随时随地发布信息。信息来源广了，参与信息传播的人多了，信息量大了，受众对于信息的接收不再是单一的一对一模式，而是可以根据个人喜好和需要有目的性地选择，还可以多重、多向性选择。再如传播者因素，我们认为传播者的专业性、权威性越强，其传递信息的传播效果就越好。而在儿童信息传播领域，影响传播效果的因素主要集中在儿童群体的特征、心理、环境影响、技术影响等方面。

一、特征因素

早在20个世纪20年代末，美国佩恩基金会便开始资助一些科学家设计一系列研究来评估电影对儿童的影响。调查结果显示，在电影造成的传播效果方面，儿童群体确实体现出了与成人世界不一样的地方。在1929到1930年间，每个儿童平均每周要看一次电影，所以即使8岁小孩也能从影片中获得相当数量的信息。一些电影确实改变了儿童的态度，年级越小效果越明显；看2部或3部涉及同一问题并且观点相同的电影比只看1部电影的效果要明显；由电影引起的态度改变会持续很长一段时间。在观看电影时，成人已经学会了对电影离奇的内容"打个折扣"，而儿童则会体验真正的情感唤醒。

当代儿童群体面临着社会意识的多样化，经历着社会的现实化、物质化、契约化倾向，同时面临着媒介环境的根本性变革。其独特的群体特征在信息传播中起到了关键性作用，对传播效果造成了极大的影响。

比如，当代儿童思想活跃，视野开阔。其发展日趋个性、多样，与社会之间的互动频繁且深入。他们知识面广，兴趣广泛，但学习内在动力不足，主动性差。更重要的是，他们思想独立，具有批判精神，但易受诱惑，易发生偏差。这样的特征一方面决定了新鲜事物能给儿童带来较大的影响，另一方面也意味着儿童群体在接收信息时，较多的时候不能具备批判性精神，易受不良信息的影响。儿童时期辨别是非能力弱、自我控制能力差，对于互联网里的一些负面信息难免会受到影响。现在随着计算机的发展，各种游戏也层出不穷。有些孩子有时候会花大量时间来玩游戏，这样就导致学习时注意力不集中，学习成绩下降，严重者还会出现心理问题等等。

当代儿童追逐流行，反感束缚。儿童群体中动态群体文化特征突出，文化的符号性表现影响巨大。他们认同同辈文化价值，与父辈观念、价值冲突增加，叛逆性突出。他们积极探索，追求新鲜、刺激、新奇，反感束缚、训诫、灌输。在信息接收方式上，他们喜欢新潮的媒介手段，比如，在一些"正能量"内容、政治内容等信息的传播中，传统的纸媒、电视似乎无法吸引儿童，甚至会带来一定的叛逆心理，但用抖音、直播等较为时新的媒介手段，更能引起儿童的注意力。

再比如说，儿童群体在接触外界媒介信息后，他们的交往范围逐渐扩大，但由于缺乏安全感，同时自我交往水平不断提高，导致同伴群体的作用开始逐渐凸显。他们与同伴群体建立关系，通过得到同伴群体的认可和信任获得归属感与安全感。儿童的同伴群体也均未成熟，因此会有较大问题出现。在互联网中，我们经常能看到以儿童为主的网络社群，在其中，意见领袖发挥着极其重要的作用，如网红、游戏主播、电竞选手等等。他们发出的声音能够快速改变儿童的心理意识，进而对其行为造成影响。

当代社会在以迅雷不及掩耳之势发生着变化，社会的变革将不断地改变儿童群体，为其带来新的群体变化与特征，而这些新的特征也会不断成为影响儿童传播效果的新因素。

二、心理因素

信息传播影响着儿童的心理塑造。在现代社会里，大众媒介与家庭、学校和同龄群体一样，是影响儿童社会化的重要因素，在个人获得知识和学习社会或群体习惯的过程中，大众媒介参与了对个体思想和行为的塑造。大众传媒对于社会化的意义首先是通过电视、报纸和广播媒介内容的表现，为儿童提供了一幅显示生活的图画，帮助儿童构筑一个"现实"和"完整"的世界；其次，大众传媒为儿童提供了一种社会规范或规则，儿童从中观察、感受和学习到共同信仰、传统生活方式、语言、道德生活规范等等，从而明确了社会规范、角色和等级的利害关系，理解了自己的地位和应遵守的行为准则。

相反，儿童的心理特征也能够对传播效果产生极大的影响。比如，儿童在观看影视作品时，有些时候并不会对人物设定、剧情、内涵等要素产生较大兴趣，反而将注意力放在演员颜值、情节变化上面，所以某些电视剧虽然在演技、道具、后期制作等方面比较粗糙，但由于聘请了儿童喜欢的影视明星，或者剧中人物个性十足、打扮花哨，便能够获得儿童群体的足够支持。儿童群体还有着较为明显的逆反心理，所以在一些正面宣传时，尤其是对典型人物进行描绘时，这些人都是在一定的地区和领域具有可学习性的人物。有的是见义勇为的百姓，有的是脚踏实地的工人，有的是科技先锋与模范，有的是技术精湛的科学家，有的是勤工俭学照顾妈妈的学生。但由于儿童的逆反心理，对他们的无私奉献及奋斗的过程会质疑甚至不屑，觉得是媒体刻意夸张事实，对这些所谓的典型人物产生负面情绪，进而使传播效果大打折扣。在广告的传播中我们也经常发现这一点。由于生理、心理发育尚未成熟，儿童自制力和判断力不够，容易被感性色彩很强的广告说服而产生购买冲动。

三、环境因素

人是环境的产物，个体的成长与发展离不开赖以生长的环境。在人类联系越来越紧密的今天，环境对于儿童个体成长与发展的作用也越来越凸显。在儿童信息传播的进程中，其身边的环境因素，尤其是网络环境因素也成为决定传播效果不可忽视的重要因素。与成年人相似，儿童了解世界，接收信息往往通过对"拟态环境"的了解，而拟态环境的种种特征也在无时无刻影响着儿童，改变着其心理及行为特点。

首先即家庭环境。在家庭中的人际传播中，家庭环境起着较为关键的作用。一个家庭具有怎样的人际关系，对孩子的身心发展都具有非常直接的影响。对于那些经常吵架斗气，甚至闹分家闹离婚的家庭来说，孩子会觉得家里没有温暖、没有爱，产生厌烦、恐惧等心理，从而严重造成了思想的消沉和学习的懒惰。再比如，有些家长只是要求孩子学习好，将来能够成为栋梁之才，可是他们自身却不尊重知识，也没有求知欲，平时不读书、不看报，而且不听广播，从来没有当着孩子的面表现出学习的兴趣。这样的情况下，孩子便无法获取健康、有益的知识信息，从而产生心理问题。

其次，网络环境的变化也在影响着儿童信息传播效果。信息技术的发展进一步完善了"信息流"运动的"基础设施"，移动终端上的微应用层出不穷，越来越多的儿童倾向于使用微信公众号的新闻推送、微博热搜、抖音上的新闻类短视频来获取信息。随着智能时代的发展，儿童逐渐进入"屏幕环绕的生活"：从婴儿时期的看护器开始，到日常使用的手机、电视、电脑……由算法主导的短视频、直播、网络游戏等，很容易吸引儿童的时间及注意力。除此之外，网络文化也构成了网络环境的重要部分，儿童是网络文化的主要参与者，其行为认知已经与数字时代深度交融。当前，自媒体、聚合类媒体等传播媒介不断涌现，信息生产模式呈现裂变化、社交化等新特征，海量信息鱼龙混杂，网红直播、短视频繁多。完善儿童及青少年的网络生存环境，关乎国家与民族的未来，也是网络精神文明建设的时代课题。

四、技术因素

传播随着人类的产生而产生，随着社会的发展而发展，传播技术的不断发展和传播媒介的更新重叠使用拓展了人类生命存在的时空形态。人类传播活动的进步取决于传播技术的发展，以传播技术为先导，每一种新传播媒介的出现都会带来传播革命。在媒介技术迅速发展的今天，以移动互联网、大数据、人工智能等为代表的新传播技术，也在持续不断地影响着儿童信息传播效果。

移动互联网的诞生为信息传播带来了革命性的变革。在移动互联网中，信息传播真正实现了随时随地全天候。与传统媒体相比，移动互联网的时间、地点都可以比较便利。无论你身在何地都可以保持联系，还可以随时接受各种信息、与人联系。同时，移动互联网形式内容多样，传统媒体时代，报纸和杂志等都是图片和文字，广播是声音，电视是影音图文，一般都是提前制作好的。而移动互联网不但拥有以上这些所有的功能，还可以即时生产、即时上传、即时传播。我们经常能够看到儿童群体熟练地使用手机，在持续的人机交互中获取信息，这大大扩展了儿童接触认知世界的途径，当然也为儿童的成长带来了些许风险。

人工智能正以迅雷不及掩耳之势占据着如今的媒介技术市场，对信息传播的各个流程带来变化。由于信息大爆炸使得信息极大丰富，传统人工编辑的手段已经不能很好地解决人类获取信息的需求，算法推送在解决信息爆炸和用户个性化需求的问题上取得了不错的效果。《未来简史》的作者赫拉利曾在演讲中描绘了人工智能初级状态的工作："你在读电子书的时候，它也在读你……它可以了解到哪一页你翻得快，哪一页你翻得慢，这让它知道哪些对你来说是有趣的章节，哪些是你不喜欢的章节，在你读完一本书之后，它能知道你是什么样的人，有什么性格特征……"或许将来算法还能为人们生活中的重要决策提出建议，如当你选择人生伴侣时，不必再征求亲友的意见，而会使用智能算法平台，通过智能化匹配条件适合或未来中意的人。

虚拟仿真也在为儿童带来"沉浸式"的传播体验。不少儿童在 VR、AR 的使用中，如身临其境般观看动画、欣赏故事，展现了极大的兴趣。如 Baobab 工作室制作了一个叫作"入侵"的电脑 VR 动画短片，讲的是一群外星人来接管地球。VR 动画里的地球并不是被人类统治，在这个地球上只居住着两只白白的、毛茸茸的超级可爱的兔子，其中一只是欣赏动画短片的观众。当平淡的故事叙述变成互动形式时，有时你会失去对故事节奏和组成成分的控制，但 Baobab 团队想出了一个方法来引导观众，他们通过声音和视觉线索，让观众在动画片中按照他们所希望的故事情节前进。互动性为这个故事增加了一层色彩，这对于故事的叙述是有利的，但有时候也是有弊处的。Darnell 谈到了一个场景，在这个场景中，外星人在观众面前，而另一只兔子在观众身后。这是比较有趣的，因为观众们觉得他们真的在故事中，他们可以"感觉"到兔子在他们背后。

第七章 儿童信息传播的发展趋势与未来路向

第一节 儿童信息传播的发展趋势

人类传播活动的发展依托于媒介技术的升级，儿童信息传播也是如此。新兴媒介技术的发明和普及更新了传播内容的形态，拓展了传播渠道的类型，创设了更多的传播活动参与方式。因此，本节通过对当前儿童信息传播发展样态的梳理，勾勒出 4K 视频、5G、AR、VR 等前沿技术的影响，进一步归纳儿童信息传播的发展趋势。

一、超高清视频流稳定传播

2019 年，工业和信息化部、国家广播电视总局、中央广播电视总台联合印发《超高清视频产业发展行动计划（2019—2022 年）》，明确提出了"4K 先行、兼顾 8K"的总体技术路线，力争快速推进我们超高清视频产业发展和相关领域的应用普及，并计划在 2022 年实现我国超高清视频产业总体规模超过 4 万亿元，4K 产业生态体系基本完善，8K 关键技术产品研发和产业化取得突破，形成一批具有国际竞争力的企业。[①]

可以看出，超高清视频产业是当前信息与传媒行业发展的重要前沿趋势。超高清是指国际电信联盟最新批准的信息显示"4K 分辨率（3840×2160 像素）"的正式名称，被定为"超高清 Ultra HD（Ultra High-Defini-

---

① 工业和信息化部，广电总局，中央广电总台. 工业和信息化部 广电总局 中央广电总台关于印发《超高清视频产业发展行动计划（2019—2022 年）》的通知［EB/OL］.（2019-09-28）［2022-12-08］. http：//www.gov.cn/gongbao/content/2019/content_5419224.htm.

tion)"。这个名称也适用于"8K 分辨率（7680×4320 像素）"，4K 超高清视频的画面分辨率是高清视频的 4 倍。通过高分辨率、高帧率、高色深、宽色域、高动态范围、三维声六个维度技术的全面提升，超高清视频可带来更具震撼力、感染力和沉浸感的用户体验，而超高清视频的传递依赖于 5G 技术。5G（5th-generation）是第五代移动通信技术的简称。5G 将是真正意义上的融合网络，它是对现有无线接入技术（包括 2G、3G、4G 和 Wi-Fi）的技术演进，以及新增的补充性无线接入技术集成后形成的解决方案。5G 以融合和统一的标准提供人与人、人与物以及物与物之间高速、安全和自由的联通。可以说，超高清计划是继数字化、高清化之后的新一代重大技术革新，5G＋4K 的协同发展将驱动以超高清视频为核心的行业智能化转型，带来广播电视、在线视频等方面的体验升级，促进供给侧改革以及需求提升。

根据国家广播电视总局公布的最新的行业数据，全国电视频道高清化发展态势良好。截至 2021 年 3 月底，我国各级播出机构经批准开办高清电视和超高清电视频道共有 845 个，其中高清频道 838 个，4K 超高清频道 7 个。据悉，中央广播电视总台、北京台、上海台、广东台、广州台、深圳台、杭州台各开办 1 个 4K 超高清频道。2024 年是爱奇艺连续 14 年直播中央广播电视总台春节联欢晚会。进入龙年，爱奇艺也为观众带来新的直播观看体验。春节前夕，爱奇艺宣布在电视端支持帧绮映画 MAX 4K 超高清观看 2024 央视春晚直播及点播。爱奇艺和奇异果白金及以上会员在通过认证的电视机型上观看龙年春晚时，点播节目最高可获取"HDR＋超高清＋高帧率＋高音质＋高标准认证"的影院级视听体验。相比以往的直播，这次"春晚"采用 5G 实时传输 VR 和 4K 超高清视频，5G 网络实时高速回传更好地呈现了"春晚"的每个细节，VR 视频的沉浸式体验让观众犹如亲临"春晚"现场。这是 4K 超高清视频网络传输与终端呈现的重要突破，而高速、高效和智能的 5G 网络将为 4K 超高清节目的高效传输和极致呈现带来更多可能。

目前，超高清视频已逐渐应用于儿童信息传播之中。例如，2020 年广东广播电视台嘉佳卡通频道推出了中国首部国内长篇儿童 4K 动画《百变校巴之超学先锋》，为儿童提供超高清电视节目内容；广东广播电视台少儿频道播出少儿综艺节目《厨房！真的很好玩》，严格按照广电总局定制的 4K 节目制作参数为标准进行制作，以 HDR 技术拍摄食材和烹饪过程，再现人眼视觉动态范围内的全部色彩和亮度层次，最大限度地满足儿童的视觉感官需求。可以预见的是，超高清及 5G 技术的普及将为儿童信息传播提供稳定、高质的视频流内容，构造多样化的儿童信息传播场景，革新儿童教育信息、医疗信息、娱乐信息等方面的传播样态。

二、沉浸式信息传播

近年来，沉浸式信息传播已然成为儿童传媒行业的发展前沿和热议话题，比较有代表性的就是 AR 图书的出版。AR 技术运用于出版业始于 2008 年，泰国科技公司 Larn Gear Technology 出版了一本 AR 图书《Earth Structure》，因其多样性、趣味性、交互性的特点被儿童读者喜爱，随即产生了 AR 立体卡片、口袋书、AR 涂色书、AR 科普书等多种新型的儿童图书。但是国内出版 AR 童书的时间较晚，在 2016 年之前只有部分出版机构开始使用 AR 技术，如 2013 年浙江少年儿童出版社的《孩子的科学》；2014 年接力出版社的"香蕉火箭科学图画书"系列；2015 年中信出版社"科学跑出来"系列；2016 年济南出版社的"魔法学院"系列等等图书①。这些图书都采用了一些简单的 AR 技术让儿童读者可以看到虚拟世界的情景，受到了读者的关注和喜爱。自 2017 年以来，运用 AR/VR 技术的新型图书不断涌现，AR 童书开始大规模走向市场，如北京联合出版公司的"艾布克的立体笔记"探索系列丛书、海天出版社的"童喜乐 AR/VR 魔幻互动百科"系列、江西美术出版社的"AR 世界大探索"系列等等。因为 AR 童书所具有的独特优势，越来越多的出版社和出版企业开始关注并研究 AR 图书，这使得 AR 童书出版业的前景更加广阔。2017 年梦想人科技和小牛顿合作出版了"小牛顿"系列科普读物 AR 版《小牛顿魔法科普馆》，在植入 AR 技术后，读者只需要简单地"扫一扫"，图书的科普内容如"长寿龟""小蜻蜓""金丝猴"等形象就会跃然纸上，逼真的 4D 动画叠加在了真实世界中，实现了虚拟形象与真实世界的任意叠加，再加上音频、视频等全媒体形态的数字内容为儿童读者带来了新奇的体验和乐趣。儿童读者对一些科普动物的印象不再是脑袋、身体、四肢和尾巴诸如此类简单的定义，通过 AR 场景的展示，读者可以认真观察科普动物的形态，还可以与其进行互动，获得完整的视觉体验和知识信息。AR 出版由平面到立体、由单向到互动、由片面到整

---

① 王扬."出版＋AR/VR"：出版行业的新机遇——AR/VR 技术在出版业中的运用综述[J]. 出版广角，2018（3）：28—31.

体的模式升级，改变了读者的阅读思维，创新了多种形式的沉浸式阅读效果。

"沉浸"这个概念最早应用于心理学领域，指"人在从事一项任务或活动时会完全沉浸其中，让参与者始终专注于目标情境下的愉悦和满足，从而忘掉现实世界的情境"①。不同人群在不同的任务中都能获得一种沉浸状态，如攀岩者、戏曲家、艺术家和科学家等在从事不同的活动时都能收获不一样的沉浸式体验。在沉浸状态中，参与者能主动地控制自己的意识，会因自己的行为感到非常愉悦。因此，沉浸理论可以用来评估游戏玩家或者学习者的参与程度，当前已经有越来越多的学者开始关注并研究学习环境中学习者的沉浸式体验。② 我国传播学者李沁将此概念应用于传播学研究，并在自己的著作《沉浸传播：第三媒介时代的传播范式》中提出"沉浸传播"的概念："它是以人为中心、以连接了所有媒介形态的人类大环境为媒介而实现的无时不在、无处不在、无所不能的传播"③。沉浸传播仿佛形成了一个全新的多媒介空间，在这个空间里所有的信息都是动态的、多极的，能够让人完全沉浸在其中。沉浸传播的过程同样也是动态的，是一个不断定位、立体上升的过程。

AR 图书具有多种功能效果，通过增强现实技术能够展示出 4D 实时动画，给予读者看、听、说、读、玩等多种方式进行图书阅读，还可以体验互动游戏，带给了儿童更强烈的沉浸式体验。视觉系统是产生沉浸感的最重要因素，因为人获得的信息 80％以上来自于视觉，即眼睛所看到的景象。AR图书呈现的视觉效果一方面来自纸质图书本身的图片和文字内容，另一方面来自终端 APP 中运用 AR 技术所呈现的图片、动画、游戏等视觉内容，而后者的视觉沉浸效果更为强烈。因此，在 AR 童书中 3D 建模越逼真，图像处理的质量越高，则图书的 AR 呈现效果越清晰，儿童的视觉沉浸感更强。除视觉之外，听觉是人获取信息最重要的感觉器官，人的感知信息约 15％来自听觉系统。AR 图书的声音效果就是利用听觉系统向读者提供辅助信息，用来弥补视觉效果的不足，以增强儿童读者的视觉感知，增强环境的仿

---

① CSIK-SZ ENTMIHALYI. Play and intrinsi c rewards [J]. Hum anisti c Psychology，1975，15（3）：41—63.

② 常雷．"沉浸式体验"在视觉领域中的媒介传播及应用 [J]. 设计技术研究，2018（1）：93—95.

③ 李沁．沉浸传播：第三媒介时代的传播范式 [M]．北京：清华大学出版社，2013：21—22.

真性，也令儿童的沉浸感更加强烈。此外，人们获得的触觉信息的方式有两种，一种是皮肤与物体触碰所感受到的信息，另一种是通过四肢的位置和运动所产生的关于力的信息。因此在 AR 图书中，让儿童获得沉浸感的关键因素还包括触觉信息，即儿童能够自由随意地操纵虚拟物体，并且能够与虚拟影像进行互动，能够接收到虚拟物体的反馈，从而产生触觉沉浸效果。比如，以一本恐龙题材的 AR 图书为例，通过手机客户端下载相关 APP 软件并对准图书进行扫描，书上就会呈现出一个硕大的恐龙蛋，当读者点击蛋壳，恐龙蛋会发生破裂并诞生一只小恐龙，再通过手指的操作，小恐龙还可以实现行走、跑步、打猎、觅食等活动，当切换至"真龙模式"，小恐龙会一下子变得巨大无比。相对于传统的阅读方式来说，AR 图书可以提供前所未有的真实体验，可以使儿童沉迷于相关的阅读场景，带给读者更多的沉浸效果。

三、云端信息协同传播

随着计算机技术在人们日常生活中的普及，"云"的概念也开始被大众所熟知，并逐渐融入儿童信息传播中。简单来说，云传播是云计算环境下人们传递和分享信息的一种机制，其内涵可从三个层面进行界定。首先，云计算能推动互联网和移动互联网交织融合形成"互联云"，云传播本质是信息在"互联云"上的流动过程；其次，用户只需根据自身的需求获取效劳，而无须关心该效劳由谁提供，并且在使用完之后就可以再次释放资源；最后，人们之间传递和共享的内容范围从原有的信息资源内容扩展为包括硬件基础设施、软件资源在内的广义信息资源。在云传播模式下，每个人都可拥有一台由计算机网络级联而成的无边无际的计算机。

云传播作为一种新型的信息传播模式，拥有网络传播的根本特征，并具有移动性、位置性、泛在性、实时性和大数据性等革命性特征。在云传播模式下，用户全部或主要的计算任务在"云端"完成，将打破用户对"固定终端"的依赖，用户通过智能和上网本等简易终端可随时随地进行信息传播活动，能有效提升信息传播活动的移动性和便捷性。在云计算模式下，用户可把全部或局部私人信息存放在"云端"，这样通过"移动终端"可随时随地访问和传递。用户可用不同终端维护同一份数据，能保证用户数据的同步，能防止多终端多版本带来的数据冲突和数据不一致。在云计算环境下，互联网、移动互联网和物联网等网络之间互联互通、相互融合，形成一种人与人、人与物及物与物之间直接沟通的泛在网络。人类在泛在网络中的传播行为在渠道、主体、内容和关系等方面都具有泛在性，能实现任意时间、任意地点、任意效劳、任意网络、任意对象的传播机制。

"云技术"赋能儿童信息传播具体表现为各种数据资源库的建设和共享。文献资源是公共图书馆最主要的资源，但由于各图书馆的文献资源相对比较独立，文献资源得不到有效的配置和利用、导致借阅成本加大。文献资源云的构建不仅可以实现各图书馆文献资源的有效配置和合理利用，还能降低借阅成本，提高服务质量。零次文献是文献资源云的重要组成部分，特别是存在唯一性的零次文献。在文献资源云中，读者用户不仅可以在虚拟化的环境中得到所需的资源，还能通过不断地探索，提高自身信息素养。在进行文献资源虚拟化后，还可以向远程教育机构、用户提供各种服务。例如，广州少年儿童图书馆建设的"广州记忆（青少年版）"特色数据库，建库时在多个兄弟文化单位（调研机构）进行调研，进行信息交流和资源共享。以充分利用和挖掘广州地区的特色文化资源为目标，通过走访各地区公共图书馆、地方志、各地区档案部门等、取得大量丰富的文献资源、第一手的珍贵图片等资料，对之进行筛选、编辑、数字化加工、整合入库。在内容方面，该特色数据库包括了广州的传统历史文化和现代社会发展的方方面面，通过提供原创动漫、图文、视频等多媒体资源服务，从动漫版、图片版、完整版等不同角度展示广州丰富的自然资源、历史人文资源，加深青少年对广州本土文化的认识，弘扬岭南文化，结项后加入全国文化信息资源共享工程。

四、智能终端多样传播

近年来随着数字化平台和智能终端的迅速发展和普及，信息网络的受益人群逐渐幼龄化，儿童数字化资源的接触率在不断增加，对网络信息的需求也在增加。智能终端商抓住这一空缺市场，不断垂直细分，打造了一批适用于儿童信息传播的智能化终端设备，引领了儿童信息传播的发展潮流，构筑了儿童信息传播的智能化生态。具体来说，儿童信息传播智能终端主要可归纳为以下类型：

第一，智能移动终端，如智能手机、平板电脑等。这些产品有趣、方便，孩子更愿意接受，特别是它们可以运行的有声读物更能激发孩子的阅读兴趣。例如，现在很多的公共图书馆都推出手机 APP，受到广大读者的欢迎。APP平台的资源里也有一部分适合儿童阅读的数字资源，特别适合利用碎片化时间阅读,但是因为未成年人眼球发育不完全,长时间使用这些有背光的电子设备会更宜导致干眼症和用眼疲劳,严重损害视力,有眼科医生建议未成年人每天使用这些电子设备的时间应该有所控制,所以在儿童阅读推广中应该特别注意如何合理地使用这些设备,并给予他们正确的指导。

第二,可穿戴式智能设备。2014年作为可穿戴设备元年,诞生了智能手表、智能眼镜、智能指环等一系列新型智能产品,大量科技公司,如华为、苹果、小米等纷纷投入到可穿戴设备的研发和推广中,但由于可穿戴设备未能实现重大技术突破,所提供的网络服务与智能手机无异,并且性价比较低,故并没能带来较高的经济价值,可穿戴设备难以取代智能手机的地位。但对于特殊群体来说,老人、儿童等人群在使用智能手机方面存在障碍和限制,无法灵活使用智能手机的相应功能,此时可穿戴设备便可以为其提供更便捷的服务。儿童智能手表正是实现了购买者和使用者的分离,抓住了家长害怕孩子丢失的痛点,以其主打的定位和聊天通话功能可以及时锁定孩子的位置,得到了家长的认可,成为"家长收割机";为了增加用户黏性,将一些类似手机App的应用移植到儿童智能手表中来,充实了智能手表的功能,博得了儿童的喜爱。

第三,电子阅读器。随着科技的进步和电子阅读的发展,电子书阅读器流行了起来。这种基于"电子纸"技术的产品通过特殊工艺制成,看起来像纸上的墨,自身并不发光,清晰度高,从任何角度看上去都不会偏色,可以最大限度地保护眼睛。电子书阅读器方便携带,特别适合定制主题的深度阅读,可以解决因为太热门的图书由于副本量限制总是借不到;从书常常借不全一套;想看一位作家的全部作品;老师推荐的书单上的书太旧已经没有馆藏等许多在日常借阅中会发生的,影响儿童阅读兴趣的问题。

第二节　儿童信息传播的发展路向

一、儿童信息传播的主体意识重塑

儿童信息传播范式的变革,以及相关行业的发展都离不开"儿童"主体意识的重塑,要求将儿童从被动的信息接收者地位解放出来,将他们作为整个信息传播过程的参与者,甚至主导者,使其逐渐成长为"积极的受众"。

所谓"积极的受众",是指人们以特定的方式使用特定的媒介和特定的媒介内容来满足特定的需求,有能力成为有责任的媒介消费者,使用媒介信息来满足自己值得追求的目的。① 这样的受众不是消极地接受信息,而是积极地寻求信息为自己所用。他们是信息的解读者和主导者,是信息需求的活跃主体,是文化环境中的真正主人。在儿童信息传播中重塑儿童主体意识,势必需要外界文化力量的协调与引领,而外界力量的干预必须以儿童知识与能力的文化生成为目标。因而有必要厘清儿童在信息传播中所需要的核心知识与能力,才能使成人社会的引领做到心中有数、有的放矢。

关于儿童在数字媒介环境下的知识、能力或素养的结构问题,已有的研究者尽管从数字阅读素养、新媒介素养、网络素养等各个角度给出了解释性观点,但都莫衷一是,分歧点在于对核心维度的认定。作为数字媒介研究与实践领域极有影响力的专业机构,美国新媒介联合会提出:"新媒介素养是由听觉、视觉以及数字素养相互重叠共同构成的一整套能力与技巧,包括对视觉、听觉力量的理解能力,对这种力量的识别与使用能力,对数字媒介的控制与转换能力,对数字内容的普遍性传播能力,以及轻易对数字内容进行再加工的能力"。② 可以看出,此定义重视个体对媒介文本的解读、加工及传播能力,但其忽视了网络空间的重要特征——集体性、交互性,因而也备受诟病。詹金斯指出,"新媒介素养应该被看作是一项社会技能,被看作是在一个较大社区中互动的方式,而不应被简单地看作是用来进行个人表达的技巧。"他创造性地将儿童应具备的新媒介素养总结为 11 项核心技能,分别是游戏能力、模拟能力、表演能力、挪用能力、多重任务处理能力、分布性认知能力、集体智慧能力、判断能力、跨媒介导航能力、网络能力、协商能力。③ 这个界定不仅关注个体,也关注到了儿童在虚拟社区的活动,但是若仅仅专注于实践能力,就属"技能模式"。无论是何种素养都还应该关注到相关的知识、意识、品质、精神等。对此,李·雷恩尼和巴瑞·威曼在著作《网络化:新的社会操作系统》中提出,在网络化社会人们应具备的数字媒

---

① 斯坦利·巴兰,丹巴斯·戴维斯. 大众传播理论:基础、争鸣与未来 [M]. 曹书乐,译. 北京:清华大学出版社,2004:8.
② 李德刚. 新媒介素养:参与式文化背景下媒介素养教育的转向 [C]. "传播与中国"复旦论坛:媒介素养与公民素养论文集,复旦大学信息与传播研究中心,2007:485—493.
③ 李德刚. 新媒介素养:参与式文化背景下媒介素养教育的转向 [C]. "传播与中国"复旦论坛:媒介素养与公民素养论文集,复旦大学信息与传播研究中心,2007:485—493.

介素养应当包括如下方面：①图像处理能力——理解网络时代也是读图时代，擅长以图像化处理为主要方式的网络工作行为；②导航能力——网络信息的搜索、交流和分享能力；③信息组织和联通能力——快速理解并合理解释信息的能力；④专注力——严格区分线上和线下的生活，自主缩减网络上让人分心事物影响力的能力；⑤多任务处理能力——同时处理来自家庭、工作、朋友及公共机构任务的能力；⑥怀疑精神——有效评估信息并检验信息的意识和能力；⑦道德素养——支撑其媒介使用、创造和传播的文化道德和社会规范。[①] 此界定较为全面地囊括了数字媒介素养的内涵，既明确了个体性，又关注了集体性，既强调操作实践，又重视文化修养。

在具体操作方面，颇具影响力的美国媒介研究中心也给出了很好的借鉴。他们曾对媒介信息做出了五个方面的基本设定，即所有的信息都是被建构的；媒介信息是依据自身的规则以一种创造的语言建构的；不同的人对同一信息的体验是不同的；媒介信息具有内含的价值和观点；媒介被组织以获取利润和权利。在这五个基本设定的基础上，提出儿童在面对媒介信息时需要思考的五个基本问题：①谁制造了这个信息？②为了吸引我的注意力运用了哪些创造性的技巧？③与我相比，其他人面对这个信息时可能会有什么差异？④这个信息中表达和省略了什么价值、生活方式和观点？⑤为什么发出这个信息？[②] 这五个问题形成了一个完整的体系，对儿童接近、使用、表达、创造媒介内容等都有很好的指导价值。引导儿童对媒介信息经常发出这样的追问和思考，并对媒介信息进行批判性思考，在这个过程中，儿童已不再是信息的被动吸收者、应声者，而是主动交流者、对话者，向着儿童丰富世界和多向度生存方式的方向突围。

二、儿童信息传播的场景创新与技术融合

纵观儿童信息传播的演化历程，可以发现媒介技术的创新升级在其中发挥着重要作用。因此，未来儿童信息传播的发展也离不开新技术的应用。超高清视频流为儿童信息传播提供更加稳定、高质的视觉内容；AR、VR 等现实增强技术为儿童信息传播提供了更多维度的感官体验；5G、云计算等

---

① LEER，BARRY. W. networked：the new social operating system ［M］. London：The MIT press，2012：272－274.

② TESSA J，DENISE G. Project SMART art：a case study in elementary school media literacy and arts education ［J］. Arts Education Policy Review，2005，107（1）：25－30.

通信技术则联通了更多的儿童信息传播场景，真正实现了随时随地的信息交互。

儿童在这种场景创新与技术融合的媒介环境下，能够充分获取教育、娱乐、社交等领域的信息。例如，将 AR 技术与普通卡片相结合，可以使儿童快速认识动物、植物及自然界的其他事物。Dinosaurs Among 利用 AR 技术开发的软件，将手机摄像头对准恐龙卡片，移动屏幕上就会出现 3D 恐龙动画，体验者还可调整恐龙图像的大小和角度，将不同的恐龙以三维形式生动鲜明地呈现。Dinosaurs Among 软件附带的卡片汇集了各种动物的形象，如昆虫、鱼、鸟等，使用 Dinosaurs Among 软件还能看到它们的平均体长、体重等信息。此外，Dinosaurs Among 软件中还包含了虚拟的蝴蝶孵化器，用于展示蝴蝶从卵中孵化，逐渐长出翅膀，最终自由翱翔的破茧过程。AR 技术可将卡片上的动植物逼真地呈现在儿童面前，使他们更为直观地获得与生物和古生物相关的知识信息。信息传播的过程是引导式的，通过 AR 技术可有效锻炼儿童的观察能力，提升他们的认知能力。AR 技术还可以使儿童借助虚拟 3D 模型来完善对客观事件的认知和理解。我们生活在客观世界中，然而并不是所有的客观景象都便于观察。AR 技术可以模拟客观世界中不易直接观测到的信息，使儿童直观、感性地认识客观世界的构造和内在规律。基于这样的理念，运用 AR 技术可以开发出传播天文信息的数字 APP。体验者可通过 AR 眼镜近距离地观察月球、太阳等星球的视觉信息。在虚拟体验时，体验者仿佛置身于浩瀚无垠的宇宙中，直观地观察壮观的星际奇观。APP 中的月球、太阳等三维虚拟图形可以拉近、放大、旋转，而且其视觉效果也非常逼真。这些具有真实感的视觉信息传达为儿童营造了身临其境的感受。儿童可以通过不同视角来观察虚拟空间中的宇宙图像信息，并通过提示信息识别地球、太阳等星体的形态和样貌，了解白天与黑夜的形成原理。这些运用 AR 技术创造的可视化效果信息能够为儿童深入了解客观世界提供帮助。从儿童接受信息的过程和效果来看，效率得到了大幅提升，并且完善了儿童的知识结构。

三、儿童信息传播的系统优化

除了儿童主体意识的重塑、传播场景创新与技术融合，儿童信息传播未来发展的重要方向是整体性的系统优化。儿童信息传播本身就是一套信息交互系统，其中牵涉到媒体、家庭、政府等多方参与者的协作。

在媒体方面，儿童信息传播需要大量优质的阅读文本、多媒体产品、数据库等相关的软件。这些软件资源的设计与开发必须渗透以儿童为本的思想，综合考量儿童信息传播的特性与旨归。首先，儿童信息传播软件要在界面、内容和交互上保持一致性。数字媒介的超链接、超文本技术使大量信息交织在一起，若无良好的一致性架构，儿童在媒介信息接触与使用时极容易发生偏离现象。在界面设计上，要使不同界面中相同性质元素的形态、位置、功能保持一致，使用统一、清晰、简洁的界面结构，最好使用约定俗成的标准界面元素、标签、图标等来描述选择与任务，使得儿童根据外观就能清楚地识别软件的各个功能。另外，界面中应设计清晰、明确的导航系统，合理采用导航地图、时间轴、知识树等导航技术，避免学习者发生迷航或花费大量的精力在学习路径的确定上。① 其次，儿童信息传播软件可有策略地融入游戏性。数字原生代与游戏世代的出现让数字游戏媒介显得更重要。现代儿童从小就在各种数字设备与媒体，如计算机、手机、电视游乐器、数字游戏环绕下成长，传统的信息获取方式在他们身上已得不到过去的效果，利用数字游戏这种他们相当习惯的媒体与互动方式来获取信息更加有效。当前数字游戏技术也日渐成熟与普及，网络摄影机、触控屏幕、携带装置等设备的出现让儿童可以用更加直觉的方式，或是在更接近实际情境的状况下进行数字化信息交互。如近年来持续升温的电子绘本技术，即是将传统绘本内容加入声音元素、互动游戏等功能，借由数字化的声光进行演出，孩子在快乐玩耍中达成知识与信息的习得。

在家庭方面，儿童信息传播系统内嵌于家庭生活场域，是家庭信息交往的有效补充和拓展。家庭成员尤其是父母对儿童的影响作用不言而喻，但是，由于文化视野、文化水平的差异，每个家庭中父母给予孩子的文化底色是不同的。于是造成许多家长对孩子严加管教，自身却疏于自我管理，有意无意间给儿童做出了不良示范。社会文化学派认为，儿童的学习基于其对外界文化环境的观察与模仿。家长必然是其直接学习的对象。因而家长在对待儿童媒介信息使用问题上，必须先从检视自身言行做起，不能以工作繁忙或文化水平低为由推卸自身责任，要肩负起对儿童施以直接影响和教化的义务，同时对自己要有如同对孩子一样的要求，严于律己，做有文化修养、文

_____

① 祁玉娟，熊才平. 认知负荷理论在多媒体软件设计中的应用分析 [J]. 远程教育杂志，2009（3）：51—53.

化视野和文化品质生活的"文化大树"。在具体操作方面，美国学者内奥米·S.巴伦在《读屏时代：数字世界里我们阅读的意义》一书中对数字化阅读开出的处方值得借鉴：成人既要能够进行纸质阅读，又要能够进行电子阅读（形式追随功能）；不管是娱乐性阅读还是学术性阅读，都要找到有效的不分心的阅读方法；面对面活动时要专注，为学生和小孩树立榜样（当你在开会时发短信，小孩看到了会跟着做，认为上课或吃饭时这样做也是合理的）；尊重纸质版和其他任何媒介上作品的著作权；努力进行持续性阅读，努力阅读篇幅长而且内容更丰富深刻的作品（深度阅读很重要）；检测并分享数字设备和纸张的环境成本；在根据阅读平台制定教育政策时，不要为了成本而放弃对学习效果的考虑；不要以为孩子知道如何做有意义的电子阅读。我们得教他们（纸质阅读同样如此）；不要只是因为孩子拥有和使用许多数字设备，就以为自己知道孩子的阅读偏好。[①] 家长除了以自身言行对儿童产生示范效应之外，还应主动参与到儿童媒介信息接触与使用当中。数字媒介的研发者对儿童本身的关注更多是基于大规模的、一般性的儿童特征，因而无法对每个儿童精准设计关照，也必然因为要涵盖更多儿童需求，从而提供更为丰富和多样的信息资源。每个儿童都是独立存在、具有个性的个体，其需求是不同的，认知与情感也不同，那么这些丰富多样的资源就会给单个的儿童带来认知负荷。如果家长不能主动参与，儿童则极易滑向资源庞杂造成的认知负荷深渊。因此，家长需要参与儿童媒介信息接触与使用进程，在亲子互动中对数字信息资源进行"精"和"准"的二次开发。家长进行资源的二次开发要发挥自身主观能动性，对数字媒介技术的设计者和开发者的设计理念和意图进行分析，揣摩其意识形态的精髓，领悟其中是否蕴含媒介的教育功能，以便从外部对数字信息做出筛选和评量，寻找到设计理念符合儿童生命成长规律、契合现代教育理论又富有时代感的信息资源。

在政府方面，儿童信息传播系统的规范化运行离不开相关部门的监管与引导。政府应当承担公共服务的职责，创设优质的信息传播资源给包括儿童在内的社会大众。在数字信息时代，政府首先应当组织并政策引导相关资源研发者开发出优质的适用于儿童信息传播的资源和平台，并组织人力对传统优秀文化资源进行数字化转换，不仅便于保存，更有利于广大社会大众更好

---

① 内奥米·巴伦. 读屏时代：数字世界里我们阅读的意义 [M]. 庞洋，周凯，译. 北京：电子工业出版社，2016：309-310.

地检索和利用，达到优质资源共享的目的。其次，政府要管理好这些信息传播资源，组织人手进行良好的目录登记和归档，并及时进行更新换代，建设好资源的检索功能，确保优质数字资源可用、好用。最后，政府还应强化对数字资源管理者的培训和监督，打造好一批队伍，提高他们的服务意识和专业能力，确保数字化阅读资源的内容优质及服务品质。

中文参考文献

[1] 孙云晓，张美英．当代未成年人法律译丛：（德国卷）［M］．北京：中国检察出版社，2005．

[2] 大卫·帕金翰．童年之死：在电子媒体时代成长的儿童［M］．张建中，等，译．北京：华夏出版社，2005．

[3] 佩里·诺德曼，梅维丝·雷默．儿童文学的乐趣［M］．陈中美，译．贵州：贵州人民出版社，2008．

[4] 尼尔·波兹曼．童年的消逝［M］．吴燕莛，译．桂林：广西师范大学出版社，2011．

[5] 刘保．社会建构主义：一种新的哲学范式［M］．中国社会科学出版社，2011．

[6] 安维复．社会建构主义：后现代知识论的"终结"［J］．哲学研究，2005（9）．

[7] 劳伦斯·斯通．英国的家庭、性与婚姻（1500—1800）［M］．刁筱华，译．北京：商务印书馆，2011．

[8] 柯林·黑征德．孩子的历史：从中世纪到现代的儿童与童年［M］．黄煜文，译．台北：麦田出版社，2003．

[9] 诺贝特·埃利亚斯．文明的进程：文明的社会起源和心理起源的研究（第一卷：西方国家世俗上层行为的变化）［M］．王佩莉，译．北京：三联书店，1998．

[10] 玛格丽特·米德．萨摩亚人的成年［M］．周晓虹，等，译．北京：商务印书馆，2008．

[11] 熊秉真．童年忆往：中国孩子的历史［M］．桂林：广西师范大学出版社，2008．

［12］徐贲．历史上存在"儿童"与"童年"吗？［J］．南方都市报，2013

［13］鲁道夫·谢弗．儿童心理学［M］．王莉，译．北京：电子工业出版社，2010.

［14］克劳斯．从哲学看控制论［M］．梁志学，译．北京：中国社会科学出版社，1981.

［15］威尔伯·施拉姆等．传播学概论［M］．北京：新华出版社，1984.

［16］保罗·莱文森．手机［M］．何道宽，译．北京：中国人民大学出版社，2004.

［17］保罗·莱文森．数字麦克卢汉［M］．何道宽，译．北京：社会科学文献出版社，2001.

［18］崔林．媒介进化：沉默的双螺旋［J］．新闻与传播研究，2009（6）.

［19］保罗·莱文森．莱文森精粹［M］．何道宽，译．北京：中国人民大学出版社，2007.

［20］朝戈金．口传史诗诗学［M］．南宁：广西人民出版社，2000.

［21］尼尔·波兹曼．娱乐至死·童年的消逝［M］．章艳，吴燕莛，译．桂林：广西师范大学出版社，2009.

［22］玛格丽特·米德．文化与承诺［M］．周晓虹，周怡，译．石家庄：河北人民出版社，1987.

［23］保罗·莱文森．思想无羁［M］．何道宽，译．南京：南京大学出版社，2003.

［24］埃里克·麦克卢汉，弗兰克·秦格龙．麦克卢汉精粹［M］．何道宽，译．南京：南京大学出版社，2000.

［25］保罗·利文森．软边缘：信息革命的历史与未来［M］．熊澄宇，等，译．北京：清华大学出版社，2002.

［26］柏拉图．理想国［M］．郭斌和，张竹明，译．北京：商务印刷馆，1986.

［27］亨利·J·波金森．三种不同的教育观［J］．周作宇，编译．比较教育研究，1993（5）：31.

［28］夸美纽斯．大教学论［M］．傅任敢，译．北京：教育科学出版社，1999.

［29］罗伯特·达恩顿．阅读的未来［M］．熊祥，译．北京：中信出版社，2011.

［30］黄旦．手拉手还是心连心：什么是交流？［J］．读书，2004（12）.

［31］唐·泰普斯科特．数字化成长［M］．云帆，译．北京：中国人民大学

出版社，2009.

[32] 史蒂文·罗杰·费希尔．阅读的历史［M］．李瑞林，等，译．北京：商务印书馆，2015.

[33] 陈洁．印刷媒介数字化与文化传递模式的变迁［J］．浙江大学学报（人文社会科学版），2009（6）.

[34] 周晓虹．文化反哺：变迁社会中的亲子传承［J］．社会学研究，2000（2）.

[35] 张越．"图像人"的诞生：儿童媒介生活的变迁及其教育意义［J］．教育发展研究，2021（10）.

[36] 上官海青．信息化时代儿童传播中的信息流研究［J］．新闻传播，2016（5）.

[37] 敏谊，王泉．3—6岁幼儿在家中使用多媒体情况的调查研究：来自北京市的案例［J］．教育学报，2014，10（6）：95—102.

[38] 丹尼斯·麦奎尔，斯文·温德尔．大众传播模式论［M］．祝建华，等，译．上海：上海译文出版社，1987.

[39] 沃尔丁·赛弗林，小詹姆斯·W坦卡特．传播学的起源、研究与应用［M］．陈韵昭，译．福州：福建人民出版社，1985.

[40] 上官海青．儿童传播学［M］．上海：上海交通大学出版社，2014.

[41] 李金城．媒介素养的测量及影响因素研究［M］．上海：上海交通大学出版社，2017.

[42] 胡雅萍，周洁，孙萌悦．全媒体视域下儿童媒介信息素养影响因素研究——基于Nvivo11的质性分析［J］．大学图书情报学刊，2019（6）.

[43] 上官海青．信息化时代儿童传播中的信息流研究［J］．新闻传播，2016（5）.

[44] 陈舒平．儿童电视学［M］．北京：北京广播学院出版社，2003.

[45] 陈静音．国小儿童对卡通节目暴力行为之解读与社会真实性认知之研究［D］．屏东：台湾屏东师范学院，2002.

[46] 彭聃龄，张令振，陈华峰．学前儿童观看电视情况调查报告［J］．中国广播电视学刊，1992（5）：58—62＋65.

[47] 陈伙平，吴振东．试论儿童电视美术片对幼儿心理发展的正向功能［M］．福建师范大学学报（哲学社会科学版），2003（6）.

[48] David R. Shaffer. 发展心理学——儿童与青少年（第六版）［M］．邹

泓，等，译．北京：中国轻工业出版社，2005.

[49] 郑天虹．初级群体对城市青少年接受电视传播的影响 [D]．武汉：华中农业大学，2003.

[50] 辛自强，赵秀梅．青少年网络聊天特点探析 [J]．首都师范大学学报（社会科学版），2008（1）.

[51] 邵建萍．对新世纪少年儿童阅读活动的思考 [J]．中小学图书情报世界，2022（10）.

[52] 刘宣文，陈钢．儿童媒介识读教育 [M]．北京：中国广播电视出版社，2011.

[53] 袁玉荣．青少年流行文化对中学生的影响及对策研究 [D]．武汉：华中师范大学，2007.

[54] 王扬．"出版＋AR/VR"：出版行业的新机遇——AR/VR 技术在出版业中的运用综述 [J]．出版广角，2018（3）.

[55] 常雷．"沉浸式体验"在视觉领域中的媒介传播及应用 [J]．设计技术研究，2018：1.

[56] 李沁．沉浸传播：第三媒介时代的传播范式 [M]．北京：清华大学出版社，2013.

[57] 斯坦利·巴兰，丹尼斯·戴维斯．大众传播理论：基础、争鸣与未来 [M]．曹书乐，译．北京：清华大学出版社，2004.

[58] 李德刚．新媒介素养：参与式文化背景下媒介素养教育的转向 [C]．"传播与中国"复旦论坛：媒介素养与公民素养论文集，复旦大学信息与传播研究中心，2007.

[59] 祁玉娟，熊才平．认知负荷理论在多媒体软件设计中的应用分析 [J]．远程教育杂志，2009（3）.

[60] 内奥米·巴伦．读屏时代：数字世界里我们阅读的意义 [M]．庞洋，周凯，译．北京：电子工业出版社，2009.

英文参考文献

[1] Colin A. Wringe. Children's Rights：A Philosophical Study [M]. Routledge and Kegan Paul Ltd. 1981：87－90.

[2] Lloyd deMause. The Evolution of Childhood [M]. In Lloyd de Mause (eds.). The History of Childhood. New York：Rowan & Littlefield

Publishers. 2006: 17.

[3] Edward Shorter. The Making of the Modern Family [M]. William Collins Sons. 1977: 168.

[4] A. Prout & A. James. A New Paradigm for the Sociology of Childhood? Provenance, Promise and Problems [M]. In Allison James and Alan Prout (eds.). Construcring and Raeconstructing Childhood. Falmer Press. 1997: 3—5.

[5] Jo Boyden. Childhood and the Policy Makers: A Comparative Perspective on the Globalization of Childhood [M]. In Allison James and Alan Prout (eds.). Construcring and Reconstructing Childhood. Falmer Press 1997: 187.

[6] Steven Mintz. Huck's Raft: A History of American ChildThood [M]. Harvard University Press. 2004. Preface. pp. vili—ix.

[7] Linda Pollock. Forgorten Children: Parent-Child Relaticons From 1500—1900 [M]. Cambridge University Press. 1983.

[8] M. Woodhead. Psychology and the Cultural Construcltion of Children S Needs [M]. In Allison James and Alan Prout (eds.). Constructing and Reconstructing Childhood. Falmer Press. 1997: 60—72.

[9] Michael Sebastian Honig. Entwurf einer Theorie de Kindheit (An Outline for a Theory of Childhood) [M]. Frankfurt am Main: Suhrkamp. 1999. Cited from Leena Alanen. Review Essay: Versions of a Social Theory of Childhood. Childhood. 7. 2000.

[10] W. Shramm, J. Lyle & W. B. Parker: T elevision in the Lives of Our Children. [D] Stanford, California, 1961.

[11] C sik-sz ent mihalyi. Play and intrinsi c rewards [J]. Hum anistic Psychology, 1975, 15 (03): 41—63.

[12] Lee, R., & Barry, W. Networked: The New Social Operating System [M]. London. England: The MITpress, 2012: 272—274.

[13] Tessa, J. & Denise, G., (2005) Project SMART Art: A Case Study in Elementary School Media Literacy and Arts Education [J]. Arts Education Policy Review, Vol. 107, No. 1, September/October, 25—30.

|后　记|

作为现代社会中受到高度关注的特殊群体，儿童始终处于成长和变化之中，并且这种变化与社会、文化具有紧密联系。儿童信息传播的根本目的就是服务于这种变化，满足儿童成长的信息需求。

沿袭传播学的理论视角，我们从儿童群体入手，创造性地将儿童信息传播作为一个新的体系进行了深入探讨。数字文化在过去几年中，通过各类互联网应用在青少年儿童网民中快速渗透。从儿童信息传播主体上来说，"读屏"的人数日渐增多；从儿童信息传播性质上来说，信息交互的严肃意义正在消解；从儿童信息传播方式上来说，浏览、跳跃、观看的信息接收正成为主要方式；从儿童信息传播功能上来说，个性化、娱乐性、消费性的信息交互正在虚拟世界铺展开来……可以说，数字媒介正在席卷并全面革新儿童信息传播的形态。儿童信息传播的未来将在 4K 视频、5G、AR、VR 等前沿技术的影响下，发生深刻而有力的变革。未来儿童将逐渐成为信息传播过程的参与者，甚至主导者，实现主体塑造、场景创新、技术融合与系统优化。

本书的创作受到 2023 年重庆市教育委员会人文社会科学研究一般项目"重庆中心城区 6—12 岁儿童数字风险研究"（23SKGH363）、重庆第二师范学院校级重点科研项目《数字基础设施视角下的无障碍传播研究：以重庆青少年视障群体智能手机致用为例》（KY202301B）以及重庆第二师范学院校级科研平台"融媒体传播与社会发展研究中心"（2021XJPT01）的大力资助，凝聚了学科成员的集体心血。其中，董小宇承担第一章、第二章、第三章、第五章共 10 万字的撰写任务，赵捷承担第三章、第四章、第七章共 8 万字的撰写任务，冯咏薇承担第六章共 2 万字的撰写任务。同时感谢张军、扶摇、向艳灵等同志承担部分参考文献及案例材料的整理工作。本书的出版得到了九州出版社的大力支持与帮助，在此表示衷心的感谢！

本书历经一年多的时间，经反复完善后定稿。其中可能有分析欠妥、思考不周之处，盼望得到各位专家与学者的指正。